讓男人追著妳跑

麗子・凱福特 著

李欣怡 譯

各界推薦

吃麻辣鍋會讓人不斷冒熱汗，看這本書則會讓你不斷擦冷汗，因為「又中箭了」。

邊擦汗邊讀完後，我深深覺得這不只是一本教女性怎麼成為一個超級男人磁鐵的書，很多的部分性別對調我也覺得非常受用。也許是台灣男性某種程度上比較是「追著人跑」的類型吧？

只要你覺得自己總是「追著心儀對象跑」卻從來沒有結果，這本書絕對可以幫你裡裡外外翻修過一輪，成為一個懂得以自己為軸心而且有魅力的發光體。

然後，背上很多刺。
欸，不要想歪好嗎？

——小生／人氣作家

不論是在工作上或是生活上，倘若能活得獨立，不需要依賴別人，其實妳就已經占了優勢，生活也能更自在。在愛情中亦是如此，妳看重自己，好好經營自己，在精神上保持獨立，妳就沒有被輕易擊敗的可能。

本書透過實證告訴我們，女人啊，想得到男人的心，下下策是千依百順；較上策是若即若離；上上策是求而不得，但若得到的，我們也不怕失去；沒有得到的，我們更不去稀罕！惟有真正養成精神上的獨立，我們才能堅持珍愛自己，重視自己，自然能讓男人不得不追求妳，成為妳的俘虜。

——李怡貞／女人大律師

這是一本讀了會讓人馬上想到「啊，我身邊的×××需要這個！」的書。如果妳總在談苦情的戀愛，或是總是在感情中不被珍惜，這本《讓男人追著妳跑》很可能有妳要的答案。

——柚子甜／兩性作家

我在夏威夷成立了一家叫做「Matchmaking Hawaii」的公司，
到目前已經聽過了十萬以上男女的「真實心聲」，
還有人稱我為「**夏威夷的戀愛教祖**」。

面對認真考慮結婚的男女，只要是對相親有益的，
我什麼都會盡全力去做。
包括聆聽他們的希望、安排約會、聽取雙方的回饋意見、
回答他們的問題、提供諮商、指導。
我用這些方式，**促成了八百對以上的佳偶成婚**。

世上有些女性，會讓人只見幾次面就迷上她，
覺得「離不開她」，

也有些人，不管替她安排再多約會，
不知為何就是會遭到拒絕。

有些女性總是能夠被愛、被珍視，
同時，也有些人不知不覺中就遭到草率對待。

這之間的差別究竟在哪裡？

我不斷思考這個問題，
最後得出一個結論。

那就是，
是否能巧妙的給男性套上「愛的項圈」，
這就是關鍵。

所謂**「愛的項圈」**，

並不是一種留住對方、束縛對方、限制對方行動的東西。

會想要逗妳開心。
喜歡妳到無可自拔的地步。
不管發生了什麼事，都會回到妳身邊。

是這種充滿「愛」的項圈。

那麼，
怎樣的女性能夠給對方
套上「**愛的項圈**」呢？

接下來我們會一一詳述。
不過簡單的說，就是
確實擁有**「自我軸心」**的女性。
不是**「追求男性」**的女性，
而是**「被男性追求」**的女性。

順帶一提，這樣的女性，是非常有魅力的。
無關年齡、容貌等，就是會很受異性歡迎。
能夠擄獲男性再也不放手。

其實，只要稍微**改變一下意識**，
任何人都可以成為這樣的女性。

如果，妳，

想要讓男性珍惜妳一輩子、

擁有**幸福的人生**，

請妳巧妙的給男性套上「**愛的項圈**」。

接下來我們會教妳如何去做。

讓我們開始上這門**愛的課程**吧。

前言

既然生為女性，就有權利享受身為女性的幸福——這是我自己從年輕時候就奉為生活方針的信念。一直以來，我都秉持著這個信念。

我在夏威夷檀香山成立了一家叫做「Matchmaking Hawaii」的公司。為人安排過十萬次以上的約會，這個經驗、以及從中得到的回饋、成功的例子、失敗的例子、教育訓練等一切資料，都存在我的腦海裡。

一路從事這項工作，我遇過許多男男女女。

讓我告訴大家一位女性的故事，她是一位嫁給好萊塢電視製片人的日本女性，我們姑且稱她為A小姐吧。

A小姐的結婚對象，是會讓許多女性第一眼心頭就小鹿亂撞的人氣型男。首先他一看就知道是位紳士，有地位、有財力、富知性，而且心胸寬大。因為實在有太多女性欣賞他，導致他「對女性要求的條件」也變得很嚴苛。

他的理想不斷攀升，到最後，他定出了這樣的超高門檻：「我希望她學識豐富，能夠跟我暢談事業和我的興趣，像是繪畫和世界史。英文要說得跟母語的人差不多好。」

後來成為他結婚對象的A小姐，並不符合這樣的條件。不但如此，她根本完全不會講英語，學歷也是一般程度。但在幾次約會之後，她成功的擄獲了他的心。

他開始對A小姐感興趣的機緣是「米粉」。

據說有一次約會的時候，他們決定要去吃點東西，不過兩個人都並不是很餓。

於是A小姐約他到一家品味不錯的亞洲風格咖啡店，他們點了一份星洲炒米粉，兩個人分享。

米粉本身並不貴，就算不是很餓，點兩份，吃不完就算了，可是A小姐提議：「我們兩個點一份就好了。」

其實A小姐原本就知道，他一直以來都對「女性的浪費成性」感到困擾。他非常富有，以往跟他交往的女性，每個看到豪華的晚餐或禮物，都表現出一副「理・所・當・然」的態度、看著他花大錢。

但A小姐就藉著兩人分食「一份米粉」這種樸實的態度，展現出自己的不同。她，乍見之下，是個愛花錢、適合華美高級餐廳的女性。正因如此，這個落差瞬間擄獲了他的心。

我所謂「能夠給對方套上『愛的項圈』的女性」，就是像A小姐這種「能夠燃起對方鬥志的女性」。他原本視為理想條件的學識和英文能力，不具備都無所謂了。她並沒有迎合對方，而是巧妙的展現了**「自己的價值」**。

世界上實在有太多人，為了吸引喜歡的男性，或是打腫臉充胖子、或是迎合男性、要不然就是犧牲奉獻鞠躬盡瘁。坦白說，這些都沒有意義，甚至會帶來反效果。女性在戀愛中採取的行動或言談，有的會讓男性瞬間降溫，也有的可以迅速提高「戀愛溫度」。

女性具備「讓人追著跑的女人」和「追著人跑的女人」兩個面向。「讓人追著跑的女人」，能得到男性的尊重，所以會被珍惜。

為了得到自己理想的幸福人生，知識、準備、技巧（know-how）都是不可或缺的。我把自己畢生的經驗都整理在這本書裡了，希望能藉由這本書首次公開這些經驗。讀完這本書，妳的「戀愛分數」必然會提升。

既然生為女性，妳有權利得到女性的幸福。不是「義務」喔，是「權．利」。

妳可以幸福。妳一定會幸福的。

CONTENTS

第1章 「最後會獲得青睞的女性」之特徵、「絕對無法獲得青睞的女性」之特徵

第2章

「讓人追著跑的女性」會做的事和絕對不做的事

第3章 男人的思考回路

第4章

「戀愛技巧」博士班課程

第5章 提升「戀愛溫度」的會話和瞬間降溫的會話

第6章 「讓人追著跑的女人」的心智、「追著人跑的女人」的心智

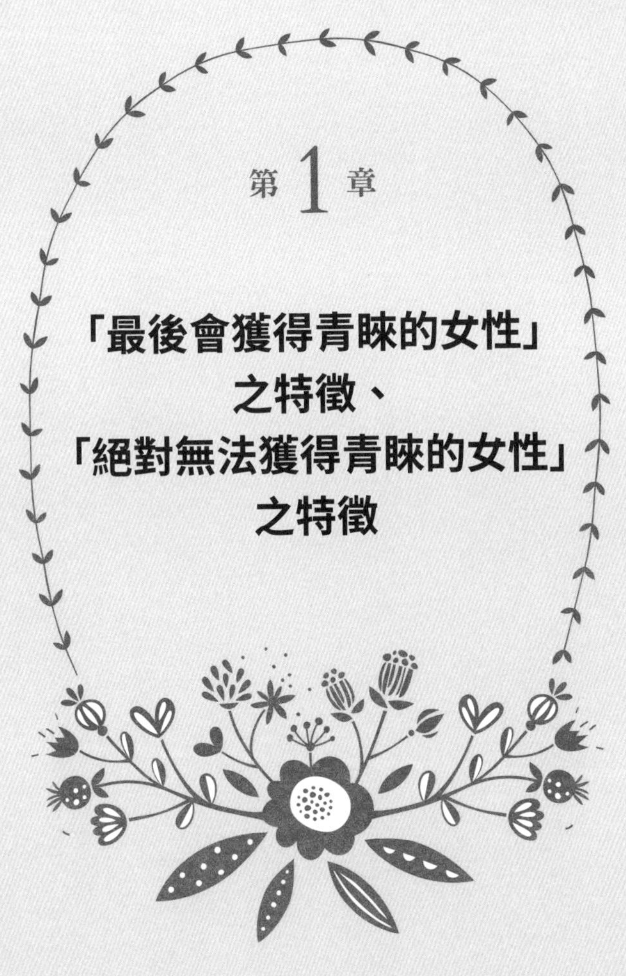

第1章

「最後會獲得青睞的女性」之特徵、「絕對無法獲得青睞的女性」之特徵

妳是「讓人追著跑的女人」？還是「追著人跑的女人」？

我傾聽男女吐露心聲，已經持續二十年以上了。

無法對情人或另一半說出口的願望、抱怨、赤裸裸的曬恩愛……一直以來，我都是聽著大家說這些五花八門的話題、有時和他們一起煩惱、有時鼓勵他們、幫他們找出解決方法。

就算是一些不會直接對心儀的女性說的事，男士們也會悄悄告訴我，所以，我能夠了解「大家想要的是怎樣的女性」。

我在前面也說過，會讓男性念念不忘的，說穿了，就是能夠給男性戴上「愛的項圈」的女性。說具體一點，就是有「自我軸心」、能夠燃起男性鬥志的女性、能夠滿足男性自負的女性，也就是會讓男性「追著跑」的女性。

排除掉沒有自信的男人，幾乎百分之百的男人都喜歡「讓人追著跑」的女性。特別是那些優秀的男性，幾乎無一例外會選擇「讓人追著跑」的女性。這是我在聽了十萬人心聲後，非常確信的一點。

一般來說，女性都同時擁有「讓人追著跑的女人」和「追著人跑的女人」兩個面向。整體上表現出來的，是「讓人追著跑的女人」還是「追著人跑的女人」，取決於哪邊的比例較高。在我的經驗當中，日本女性似乎「追著人跑的女人」比較多，妳是屬於哪一種呢？

首先，請看下列項目，當中有沒有符合妳的敘述呢？

◆跟男性交往時，生活中心就會變成男性。
◆原本很積極的男性，不知不覺中態度變得消極。
◆不知不覺中變成「追著人跑」的那一方。
◆一開始明明就是對方的「戀愛溫度」比較高，不知不覺中溫度高的變成自己這一方。

◆吵架之後，總是自己先道歉、先聯絡。
◆總是被劈腿。
◆即使得知交往對象有家庭，也無法分手。
◆交往久了，總是被冷落忽略。
◆提出分手的總是對方。
◆感情總是不明不白的結束。
◆不知道為什麼就是走不到結婚這一步。

這裡面只要有一項是符合的，那麼妳就是不折不扣「追著人跑」型的女人。我可以在此斷言，不脫離「追著人跑的女人」，就很難抓住身為女性的幸福。

「追著人跑的女人」無法幸福的理由是，男性會看輕追著自己跑的女人，漸漸地就不珍惜她了。在這章裡面，我會告訴妳「終將獲得青睞的女性」跟「絕對無法獲得青睞的女性」，也就是「讓人追著跑的女人」和

「追著人跑的女人」的特徵。

這是我接觸了眾多男女後實際感受到的「男女的真相」。

「鞠躬盡瘁型女性」會受歡迎嗎？

交往初期，女性或許會為了討男性歡心，積極照顧他，做讓他高興的事，竭盡所能奉獻自己。

在這種情況下，男性會覺得「好開心、我好愛她、我離不開她了」嗎？錯，他們絕對不會這樣想的。

在這裡希望大家不要誤會了。女方對男方鞠躬盡瘁，男方可能會覺得「感覺真好」，但是對妳的「尊敬之意」卻會漸漸消失。為什麼呢？因為男方對於女方這種「愛的強迫推銷」，會覺得是一種「賤價拍賣」。

越是全心奉獻，就等於女性在向男性宣稱：「我沒有價值，原本的我不值得被愛，所以我才對你如此犧牲奉獻。我什麼都可以為你做，請你愛

我吧。」

會做出「犧牲奉獻」行為的，就是典型的「追著人跑的女人」。跟女性年紀較輕、還是女大於男、還是相貌如何無關，適用於所有女性。

男性會敏感的察覺女性在「賤價拍賣」，然後就不珍惜這樣的女性了。「三條一千日幣的領帶」跟「一條三萬日幣的領帶」，哪一條會被珍惜呢？

追著男人跑、犧牲奉獻，就等於是女性在賤賣自己，把自己貶成三條一千日幣的領帶。

條件好的男人會選為人生伴侶的是「這樣的女性」

特別是在社會上成功，或是擁有優秀條件的男人，不會肯定「什麼都聽從男性的女性」或是「凡事以男性優先，自己放其次的女性」。他們不

會覺得這些女性的行為是溫柔體貼，而會視為「軟弱」。

而優秀的男人，是不會想要跟軟弱的女性結為人生伴侶的。

妳想想看，如果想成就自己的人生，會有男性刻意選擇軟弱的女性當隊友嗎？

優秀的人，會希望自己周圍也都是擁有類似氣質的人。他們追求的伴侶，是謳歌人生、滿足於自己的人生、光芒四射，且擁有好運氣的女性。

當然，也有男性偏好軟弱的女性、對男性犧牲奉獻、追著男人跑的女性。這些都是「沒有自信的男人」。只因為沒有自信，所以把對自己犧牲奉獻、崇拜自己的女性留在身邊，好填補自己的自卑。

這樣的男人，一旦遭社會排擠，一定會發洩在身邊女性的身上。藉由把自己不被社會認同的悲慘懊惱心情，遷怒到女伴身上，來排解自己的壓力。跟著這樣的男性，能夠得到幸福嗎？

「過度鞠躬盡瘁的女性」，只是在激發男人的傲慢，賤賣自己。

請務必牢記在心，這對男性而言，不過是「好利用的女人」。

我再說一遍，「過度鞠躬盡瘁的女性」，最後是不會被選為伴侶的。為什麼呢？因為男性在下意識中，為了提升人生，都會想選擇堅強的女性為人生伴侶，而不是軟弱的女性。

最終被選上的，會是堅強的女性。這是在我二十多年來為無數男女配對的經驗中能夠下斷語的事實。

測出妳是不是「好利用的女人」的十個問題

「鞠躬盡瘁的女人」，對男性而言就是「好利用的女人」。妳有沒有淪為「好利用的女人」，可以輕易的從男性的態度看出來。

如果妳的男友，顯現出下列態度，那麼妳就要小心了。不管妳自己是怎麼想的，對他而言，妳只不過是個「好利用的女人」。

問題 **他的行為或態度，符合下列敘述嗎？**

◆他總是很快掛上妳的電話。或者，他很少跟妳聯絡。

◆還沒認識很久，他就已經不花錢在約會上。或者，你們一變成男女朋友，他就馬上停止花費時間和金錢在約會上。

◆會跟妳借錢。

◆會突然說「我要見妳」、「我們見面吧」。

◆明明約好了，當天卻聯絡不上他。

◆明明錯的是自己還惱羞成怒，要妳道歉。

◆很多時候不知道他在幹嘛。

◆不管LINE他還是打電話給他，都沒有在「二十四小時以內」回覆。

◆約會就等於上床。

◆就算你們有一陣子沒見面了，他還是會優先選擇跟朋友的約會，或是他自己的社交活動。

結果如何？只要有任何一項符合，妳無疑就是「好利用的女人」。

這裡要注意的是，「追著人跑的女人」，大家都因為自己的雙眼呈現愛心狀態，所以會給男友的態度找藉口，做對她們自己有利的解釋。

「我男友很忙，所以沒辦法跟我聯絡」、「男友突然有工作進來，取消約會也是不得已的」、「是我不好，惹男友生氣」……

客觀來看，明明知道男友根本不珍惜她，本人卻不承認這個事實，試圖合理化自己和對方的關係。我遇到過很多像這樣「好利用的女人」、「鞠躬盡瘁型女人」。

這些舉動會讓妳淪落到「便利貼角色」

有一位女性說：「我有一個交往兩年的男友，可是結果我們沒有步入禮堂。」

我要她說說他們的交往情形，仔細一聽，「他們交往的狀況」根本就稱不上「交往」。

他們一個月只見得到一兩次面。見面的時候，就是喝個茶、上床、然後各自回家，像這樣的關係居然持續了兩年。

怎麼看她都只是被利用了而已，可是她本人卻認為「我們在交往」。像這種「好利用的女人」，在夏威夷被稱為「床伴」，意思是一聯絡就會馬上陪你上床的方便女人。

最近還有這樣的例子。故事的主角是一位日本女性，她的交往對象，是住在歐胡島北岸的一位英俊男性。

對方是個人氣度媲美好萊塢明星的男子，一直到發生關係之前，他滿嘴都是「我愛妳」、「我眼中只有妳」、「妳真可愛」之類的甜言蜜語。

在夏威夷，這種甜言蜜語叫做「hot air」，直譯的話就是「熱空氣」的意思。向熱氣球送熱空氣，熱氣球就會越飛越高，也就是用熱氣球來比喻對方的溫度持續上升的樣子。

當有一位金髮、藍眼、長得像李奧納多．狄卡皮歐的白人男性這樣在妳耳邊傾訴時，「追著人跑的女人」是不堪一擊的。

被他呼叫的女性，都會喜孜孜帶著過夜用品，飛奔到他身邊。他住的北岸，從威基基海灘搭巴士過去少說也要兩個小時。

這麼遠的路程，他只要打個電話，像是叫外賣一樣，她就隨傳隨到。到了他家，她就會積極為他掃地、下廚，像個免費的家政婦。

接下來就是上床。畢竟路程太遠了，所以她可以在他家留宿一晚，不過到了早上，他就會叫她「搭巴士回去吧」，然後她就會又搭兩小時的巴士回來，這樣的事不斷反覆。

怎麼想我都不覺得她有被珍視，她只是被利用成方便的「床伴」罷了。

即使如此，「追著人跑的女人」還是會說「沒辦法」、「因為△△所以才會這樣」，永遠為了她們自己，而把男性的行為合理化，不去面對現實。然後為了引起對方的關注，越來越犧牲奉獻，越陷越深。我可以斷言，這樣的女性，最後絕對不會獲得青睞。

人氣男最後選擇的是怎樣的女性呢？

順帶一提，這位北岸的人氣男，後來遇到讓他迷戀的女性，為了接送她，會專程開一小時車到威基基海灘來。然後會陪著她，送她回到家，再自己開長途車回北岸。

後來我試著跟他聊，得知一件事，就是他愛上的那位女性，是典型的「讓人追著跑的女人」。

即使他約她，她也不會馬上跑去北岸赴約。她是那種會說「想見我的話，要不要你過來威基基」的類型。不論他怎麼往耳邊送熱空氣說盡甜言蜜語，她只會說「謝謝」、「You are so sweet」而已。

像這樣不乖乖就範的女性，對人氣男而言很新鮮。不久，他就跟她結婚了。

只要妳是「好利用的女人」、「鞠躬盡瘁的女人」，妳就終究不會被對方選上。不管妳再怎麼犧牲奉獻，越是犧牲奉獻，只有越遭到男性看輕、利用的份。

只要犧牲奉獻，他就會覺得我是特別的，這無疑是一種幻想。醒來吧，等到天長地久，妳也等不到他來向妳求婚。

讓人追著跑的女人擅長「以熱空氣回應熱空氣」

遇到熱空氣就陷入迷戀的是「追著人跑的女人」。她們聽到甜言蜜語，會信以為真，三兩下就沉溺其中不可自拔。

但是，「讓人追著跑的女人」，面對甜言蜜語也不為所動。因為她們行動時總是以自己為軸心，所以對方送熱空氣過來的時候，她們能夠冷靜的接球，然後「以熱空氣回應熱空氣」。

男女就是要藉由互相吹送熱空氣來享受戀愛的滋味。熱空氣是不可或缺的「愛的調味料」，這才是戀愛的醍醐味。

有一位女性在跟機師交往，她的機師男友有一天送了這樣的熱空氣過來：「昨晚我滿腦子都是妳，讓我全身發熱，不沖個冷水澡根本沒辦法入睡。」

好肉麻的甜言蜜語啊。

以往他交往的女性，被這麼一說，都會得意忘形、興奮尖叫，認為「這個男人真敢講」、「他真的超愛我的」，殊不知那是天大的錯覺。不過這位女性可沒這麼好對付，在他說出那句關鍵性台詞，準備看著對方淪陷的時候，她卻只是淡淡的回了充滿幽默感的一句。

「是嗎？那你今天晚上應該也會全身發熱睡不著，最好上床前先在浴室放好一缸冷水！」

她「以熱空氣回應熱空氣」的這一招，讓機師爆笑不已。聽說他的回答是：「那是個好主意。」兩人之間一來一往，情趣大增。

幽默感只會出現在游刃有餘的情況下。「追著人跑的女人」，在滿腦子都是對方的情況下，應該無法做出這樣精彩的「熱空氣回應」吧。

所謂「燃起對方鬥志」，指的就是能夠做出這種充滿幽默感的回應。如果可以這樣持續「熱空氣」的接力，兩人之間一定會有好的發展吧。

「戀愛溫度」男高於女成功率較高

「追著人跑的女人」有一項特徵，就是自己「喜歡」的情緒總是比對方來得高漲，也就是「戀愛溫度」很高。

男人本質上是狩獵者。他們喜歡自己去追逐獵物、捕獲獵物。越是怎麼都追不上的獵物、眼看快到手又逃掉的獵物，越能夠刺激男性的競爭本能，讓他們興致勃勃。

不過，要是獵物輕易到手，更別說那些對方自己搖著尾巴飛奔而來的，他們就會馬上失去興趣。

常見的例子是，在戀愛初期階段，明明就是男性的「戀愛溫度」比較高，沒多久女性的熱度就超過了男性。一旦愛上了，情緒急速高漲，開始

追著男性跑，不知不覺中，戀愛溫度升得比男性還高。

一旦如此，男性的「戀愛溫度」就會不斷下降。為什麼呢？因為女性「追著人跑」的行為，會削弱男人「追捕獵物」的鬥志（愛的醍醐味）。

然後，就會陷入女性又更努力追逐男性，導致男性的「戀愛溫度」降得更低的惡性循環。

多年以來，從我為男女配對的工作中得到的經驗，可以告訴大家一件事，就是「男性的戀愛溫度比女性高，最後能夠結婚的機率比較高」。

相反的，如果「一直是女性的戀愛溫度較高，男性較低」的話，幾乎最後都不會結婚。在我的經驗當中，大約只有4～5％左右吧。

此外，觀察結婚後能夠長久維持幸福婚姻生活的，「戀愛溫度男高於女的夫妻」占壓倒性的多數。

就是「那種行為」造成男性的任性妄為

還有兩個人是這樣的，這是另一對男女的例子。

在剛認識的時候，男方的「戀愛溫度」比較高，但是不久後，女方的溫度一口氣攀升起來。

男方像是被女方拖著走似的繼續跟她交往，就這樣兩年過去了，但是男方口中並沒有出現「結婚」兩個字。

女方終於等不下去了，來問我「要怎麼做才能把這個案子給了結?!」於是我去問男方他真正的想法。男方是這樣跟我說的：「嗯——她是個好女孩，個性也不錯，也很愛我。但是考慮到結婚的時候，我就是覺得不知道哪裡不對勁。」

因為一直被這位女性追著跑，導致男方失去了想要得到她的那種雀躍的心情和刺激的感覺。

結果，女方得知男方無意跟她結婚，就跟他分手了。之後，那位男性

跟別人相親，才三個月就訂婚了。

那位男性跟原來的女性交往了兩年，都沒辦法步入禮堂，結果跟別的女性，卻可以在短短三個月當中就下定決心結婚。

我問他：「你為什麼決定跟這位新女友結婚？」他的回答是：「我不想讓任何人搶走她。」

他們明顯處於男方「戀愛溫度」較高的狀態，也就是追逐的狀態。以女方而言，就是自己是「讓人追著跑的女人」，所以能夠很快定下婚事。

在女方「戀愛溫度」較高的情況下，男性一定會察覺這一點，此時男性就會開始試探「這個人可以容忍我任性妄為到什麼地步」。在這種時候，女性就很容易開始轉變為「好利用的女人」。

男性會一邊觀察女性的反應，一邊一點一點增加自己的任性度。「做到這個地步也不會怎麼樣」、「不打電話她也不會生氣」、「放她鴿子也沒出事」，就這樣任性妄為的版圖不斷擴張，最後終於變成「不娶她也沒關係」，甚至可能演變成「就算拋棄她，她應該也不會怪我吧」。

因此，就算女性愛上男性，請千萬注意避免自己單方面在那邊興奮陶醉。「戀愛溫度」要控制在50%，可以的話最好是讓它維持在對方稍高的狀態下。

不要當一個全力追著男人跑的女人，導致對方的「戀愛溫度」驟降。千萬要記得，做好自己心情的溫度控管也是很重要的。

「沒人託妳」卻幫忙掃地、下廚的女性不會受歡迎

「追著人跑的女性」很容易就會去「強迫別人」，例如「強迫推銷愛」就是一個典型。

明明就沒人拜託妳，跑到人家家裡幫他掃地洗衣服。還有人是明明就沒人拜託妳，自己做好便當，在人家家門口等了一個半小時。

女性以為「他一定會很高興」所以去做了這些事情，但從男性的角度

來看，明明就沒人拜託妳，妳這樣做會讓他們覺得很恐怖，甚至產生倒彈、退避三舍的感覺。

如果對調一下立場，想想看「有人這樣對自己」妳會有什麼感覺？「一定會很高興」是以女方尺度衡量的結果，男方未必希望如此。

用自己的尺度強迫對方接受、「強迫推銷愛」，只不過是一種控制對方的行為罷了。

在男性當中，也有人會因為妳幫他打掃、做便當感到很開心，這是彼此關係上的問題，總之，付諸行動之前，請先確認一下對方的想法。

單方面憑著一己的情緒去「強迫推銷愛」，是無視男性心情的行為，只是一種強制。

男性最怕的就是「依賴心重的女性」

男性最不喜歡的是怎樣的女性呢？就是「依賴心重的女性」。

「幫我做這個」、「那個我不會」、「我該怎麼辦」、「我不能沒有你」……總而言之，該說「很費事」嗎？就是自己一個人的時候什麼都辦不到、精神上無法獨立、「依賴男人的女性」。這樣的女性，最後絕對不會獲得青睞。

日本女性很多人都誤以為，只要說「我一個人什麼都不會」、「我不能沒有你」、「我好害怕」、「我好孤單」、「我沒有自信」，男人就會覺得妳很可愛。

那只是一種迷信。都什麼時代了，這麼不可靠的女人是無法生存的。扮演縹緲虛無的女性，男人就會覺得「無法坐視不顧」，愛上自己，這不過是一種幻想，請清醒過來吧。

是有可能有些男性會在一開始的時候覺得這樣很可愛，不過只要交往一陣子，就會厭煩。

如果只是玩玩，不需要負責任的交往，那就算了，如果要當成一輩子的伴侶，那絕對令人受不了。真正聰明的男性，絕對不會選擇「依賴心重的女性」當作伴侶或結婚對象。

凡事仰賴男人的「依賴女」之所以無法得到幸福，是因為她們沒有自我軸心。沒有自己的軸心，只會配合對方的話，軸心就在對方身上，所以總是會被對方弄得團團轉。

不僅如此，優秀的男人會希望身邊的女性也具有跟自己相同的韌性、軸心和好運，所以不會選「依賴心重的女性」為伴侶。緊抱男人大腿，被男人拋棄，容易陷入不幸模式的，就是這種「依賴心重的女性」。

要我重複幾次都沒關係，男人喜歡柔弱、縹緲的女性，是一種幻想。只要是成年女性，就必須在精神上和經濟上自立、有自己的想法和意志、用自己的雙腳踏實地前進。騎白馬的王子永遠都不會出現！仰仗男人、追逐男人、將自己奉獻給男人，也不會得到身為女性的幸福。想得到幸福，就要成長為意志堅定的堅強女人，讓男人追著自己跑。

把「我為你付出這麼多」放在嘴上會吃黃牌

有不少人，剛開始明明就是男性對自己著迷，不知道為什麼，一回神發現變成自己在追著對方跑。在「從被追變成追人」的過程中，存在許多女性容易犯下的錯誤舉動。前面提到的「試圖控制男人」也是其中之一，另外，要求「回報」也是許多女性容易犯下的錯誤。恐怕有98％的「追著人跑的女人」都會在不知不覺中要求「回報」。

所謂的「回報」，就是自己為對方做了一些事，會期待他的反應。比方說去旅行，幫對方買了紀念品回來，期待「不知道他會有什麼反應」，就是對自己的「回報」。

如果得到的是想要的反應就沒事了，如果不是，就會「失望」。「回報」的可怕之處在於，它跟「失望」只隔了一層紗。從對方那裡得到的結果，和自己的期待差距太大時，可能就會演變成悲傷、焦躁或憤怒。

「想看他開心的樣子」，這個理由乍看好像是為了他好，但是其實妳

心裡一定會想要得到「回報」。像是「上次明明就那麼高興，為什麼這次反應就那麼淡」、或是「剛認識的時候送禮物他都超開心的，現在卻是一副理所當然的樣子」，會有這些不滿、失望，不就表示了妳有求回報的心態嗎？有這樣的不滿，就證明了妳並不是純粹想要看到他開心的樣子。

妳想要討的，不是他的歡心，而是妳自己的。妳只是在期待自己能得到什麼「回報」而已。

妳在做的，是不是一種求「回報」的行為，其實從用詞就可以很容易知道了。妳會不會說「我為你付出了這麼多」這句話？如果會說「明明我都為了他做了這麼多」、「我對他這麼盡心盡力」，那就表示妳無疑是要求「回報」的。

只要這樣的念頭有片刻閃過腦海，妳就要吃黃牌了。只要持續「尋求回報」的行為，當得不到自己期待的反應，妳的負面連鎖反應就會不斷增強，這一點請務必小心。

別「不甘不願的做」，要「因自己想做而做」

其實回顧我自己的經驗，對這一點的感受特別深刻。我是在四十二歲的時候，認識老公大人（我都這樣稱呼我現在的先生）的。

他是一位連續十年業績都第一名的業務主管。不好意思，容我放閃，他是我人生當中最尊敬的一位男性。當時的我，已經在經營「Matchmaking Hawaii」，因為看了許多男女的成功案例和失敗案例，我想在自己的戀愛當中試試「讓人追著跑的女人」是什麼樣子的。

由於工作很忙，基本上我不做任何家事，也不下廚。既不幫他洗衣服，也從來不幫他燙衣服或倒垃圾，不管婚前婚後都是。即使如此，他還是很愛我。

如果我要打掃或下廚，不是為了他，而是因為「我自己想做」，不求任何回報。

因為自己想做而做，因為不想做而不做。軸心永遠在自己身上，而不是對方。保持這樣的心態行動，就不會有不滿。

這就是第一種男人會想追逐的女性——「燃起男人鬥志的女性」擁有的一個很大的特徵。

換個角度，可能看來自我中心且傲慢，還會把對方弄得團團轉。不過，如果做得到第二件重要的事——「能夠滿足男人的自我意識」，那就不管再怎麼將男性弄得團團轉也沒關係。

我當初就是沒有持續第二點，導致第一段婚姻觸礁，這就是我第一段婚姻跟第二段婚姻最大的不同。

妳是在熱戀中被追上而結婚，但是目前夫妻之間開始有疙瘩，而抱怨對方不順著自己的心意嗎？說不定妳掉入了跟我相同的陷阱。

當妳想問「你今天一整天都在幹嘛？」的時候，就要提高警覺了

男人並不是妳的「私人物品」，而妳卻為了自己，企圖束縛對方，男性當然會抗拒逃走。「束縛」，是「追著人跑的女人」容易犯下的錯誤之一。

特別是，試圖排擠自己以外的人（尤其是女性）的「獨占欲」，是非常危險的。常見的是，連他的朋友、同事，甚至是他以前的女友，都變成排擠的對象，開始對他進行二十四小時監視。就算妳覺得「我才沒有這樣呢」，只要妳會問他「今天一整天你在幹嘛？」，或是在意別人傳給他的LINE或簡訊，不知不覺間，其實妳已經在散發「束縛」的氣味了。

一旦妳開始像這樣介意他的種種，就一定會湧上「不安」的情緒。然後不安變成擔憂、干涉、猜疑、嫉妒、悲傷、憤怒、執著……最後最糟糕的情況，就是可能會演變成憎惡。到了這個地步，兩人之間的關係應該會

變得相當不樂觀吧。

想獨占喜歡的人、想要二十四小時都在一起、想監視他。這是「追著人跑的女人」容易陷入的，非常危險的陷阱。

對於快要走到這一步的女性，我總是會這樣問她們：「妳『想獨占對方』的那種心情，是對男性的愛嗎？」、「他會希望妳這樣嗎？」

用獨占欲束縛對方、想要控制他，只會逼對方逃走，並且讓妳自己的不安越來越膨脹。

原本別人跟自己就是不同的獨立人格，束縛對方、強迫推銷妳的愛、也無法隨心所欲控制別人。

妳應該控制的不是對方，而是妳自己。「不是要改變對方，而是要改變自己」，這會比較容易。

當妳變成一個「讓人追著跑的魅力女人」，不用試圖控制對方，他應該也會對妳唯命是從。妳應該要花心思努力的，不是控制對方，而是提升自己。

遇到「控制狂女人」，男人會全速逃跑

在大部分情況下，「追著人跑的女人」們，會想將男性據為己有，開始控制男性。如此一來，男性一定會開始準備逃跑。

為什麼呢？因為男性本能就會想逃離試圖控制他的女性。男人是獵人，他們不會想成為獵物。

常見的是，在發生關係後，女性試圖給男性套上「不好的項圈」。

大約有98％「追著人跑的女性」，在第一次跟男性發生關係後，會問他：「我們兩個現在是交往中沒錯吧？」、「你喜歡我嗎？」、「我們的關係很特別吧！」或者是讓對方嗅到這種氣息。這已經不是「愛的項圈」，而是要用「魔鬼的項圈」把人家勒住了。

感受到這樣的徵兆，男性就會全力拔腿逃跑。如果妳想綑綁野生動物，牠們會全力逃走，請妳記住，男人在生理上就是那樣的生物。

在這裡希望大家不要搞錯的是，將男性「操縱於股掌之間」和「控

制」他們是完全不同的兩件事。「操縱於股掌之間」一個很大的特徵，就是男性不會發現他被操縱著，這才是我說的套上「愛的項圈」。這需要相當高度的技巧，請在第五章好好學習喔。

相較之下，「控制」他們，是違反對方的意志，讓對方對自己言聽計從，對方就會感受到「強迫」和「束縛」。

在這一點上，不管未婚已婚都一樣。該怎麼做，才能在婚後也能操縱丈夫於股掌之間，繼續讓他套著「愛的項圈」呢？

答案很簡單，只要讓對方明白「我不會對你言聽計從」就可以了。

不對丈夫百依百順，能夠在自己的軸心上做出決策付諸行動。不是一一監視丈夫的行為或是過度反應，而是專注在自己要做的事上。只要這樣做，丈夫就會尊重妻子。

但如果妳總是不停質問丈夫的行動、檢查他的簡訊或LINE，丈夫就會覺得妳很煩而往外逃。如果是把丈夫當作人生的一切，對丈夫盡心盡力的那種妻子，丈夫又會越來越自大，開始把妻子當作奴隸。

不管是哪一種，都不是身為女人的幸福。想要擁有幸福的人生，請記住，在婚後也不能變成「追著人跑的女人」，而必須是能燃起男人鬥志的「讓人追著跑的女人」。

遇到問題時，妳能夠採取「建設性的解決方法」嗎？

我從事相親媒合的工作，一直在思考「終將獲得青睞的女性」與「得不到青睞的女性」，她們之間的差別究竟是什麼。

在我看了這麼多對情侶，感受到「導致沒有步上紅毯的理由」之一：「無法採取建設性的解決方案」名列前茅。我認識太多因為無法「建設性解決問題」導致結婚告吹的女性。

曾經有一位年過三十五歲的日本女性，外表非常可愛，個性也很惹人疼。介紹給男性，每個人都會給她打很高的分數。

而她喜歡上的，是一位長得很帥的美國工程師，兩位很順利的開始交往了。男方跟前妻之間有兩個孩子，為了孩子的事，他會需要跟前妻聯絡、商量一些事情。

而她卻無法諒解這一點。據說，當她得知他跟前妻常常互相聯絡，一開始會說「不要再跟她聯絡了」，然後開始怪他「我跟她誰比較重要？」到後來尖聲哭喊「我不是說我不要你這樣嗎？」根本無法好好溝通。

到最後，總是她氣憤的離開家，這樣的劇本一再上演。前面幾次，他會去接她、哄她，不過次數一多，他的熱情就迅速冷卻。

對他而言，如果跟她結婚開始一起生活，每當發生問題，「她就這樣惱羞成怒離家出走」的話，他哪裡受得了。惱羞成怒的結果，只有破滅這條路。兩人的關係開始亮紅燈，演變到不可收拾的局面，她來找我說：「我不想跟他分手。」我試著介入，看看還有沒有轉圜的餘地，結果還是回天乏術。

吵架後把自己關進廁所「三小時」女子的結局

還有一位女性，她跟一位經營好幾家公司的男性，交往得很順利。順利的話，他們訂婚的日子應該也不遠了。在這樣的節骨眼上，兩人在男方家共處一室時，發生了一件事。

據說他們為了一件小事開始吵架，明明兩個人好好溝通應該就沒事了，也不知道她在想什麼，惱羞成怒之下，把自己關進了廁所。

聽說她居然就這樣三個小時都沒有從廁所出來。

在這三小時之間，他也沒辦法用廁所，咚咚敲門、跟她講話，她也不吭聲。

美國男性在這種情況下，跟妳說話一兩次都沒回應的話，他就會任由妳去了。更何況他是個成功的CEO，不會一直用溫柔的語氣說「嘿，親愛的，妳怎麼了?妳出來嘛」去討好妳。他只會問「妳還好嗎？」沒反應的話，對話就此結束，接下來就不管妳了，之後他應該就會在房間裡看電視之類的。男方的心情，應該是「開什麼玩笑」吧。

結果她在三小時後從廁所出來，一出來就又哭又叫的，他就說：「妳今天情緒很不穩定，還是先回家冷靜一下比較好。」然後她就被送回家。

不用說，最後他們當然是分手了。

只能採取「破滅性」解決方式的人，跟鬧脾氣的小孩沒什麼兩樣。不合妳的意，就鬧彆扭、鬧情緒、發脾氣、大哭大喊，只會被認為幼稚。

遺憾的是，在「追著人跑的女人」當中，有不少人就是會表現得很不成熟。這會讓男人厭煩，總有一天他會捨妳而去。

「妳可以離開我的人生嗎？再見了。」

絕對不會被男性選上的女性，就是在發生問題的時候，採取的不是「有建設性」的解決策略，而是「破滅性」方法的女性。

這一點其實在朋友或是同事之間也是一樣的吧。當發生事情的時候，能夠維持穩定關係的，一定不是會情緒大爆發的人，而是能夠建設性解決問題的人。會被選為伴侶的，是發生問題時能夠找出「有建設性」解決方法的人。相反的，絕對不會被選上的，是採取「破滅性」方法的人。「破滅性」女性，婚後也無法快樂，跟誰結婚也不會順利。

在這一章裡我提到「最後會獲得青睞的女性」與「絕對無法獲得青睞的女性」，說明了她們的特徵。為了不要讓男性突然向妳告別，請不要再當「追著人跑的女人」，當一個能夠抓住幸福的「讓人追著跑的女人」。

總結

「最後不獲青睞的女性」之特徵

1 〈好利用的女人〉最後不會獲得青睞。

2 〈鞠躬盡瘁的女人〉會被男人瞧不起。

3 〈戀愛溫度高於男人的女人〉不會有人跟她求婚。

4 〈依賴心重的女人〉會被拋棄。

5 〈求回報的女人〉無法幸福。

6 〈控制狂女人〉男人會逃得遠遠的。

7 〈惱羞成怒的女人〉只會招來感情破滅。

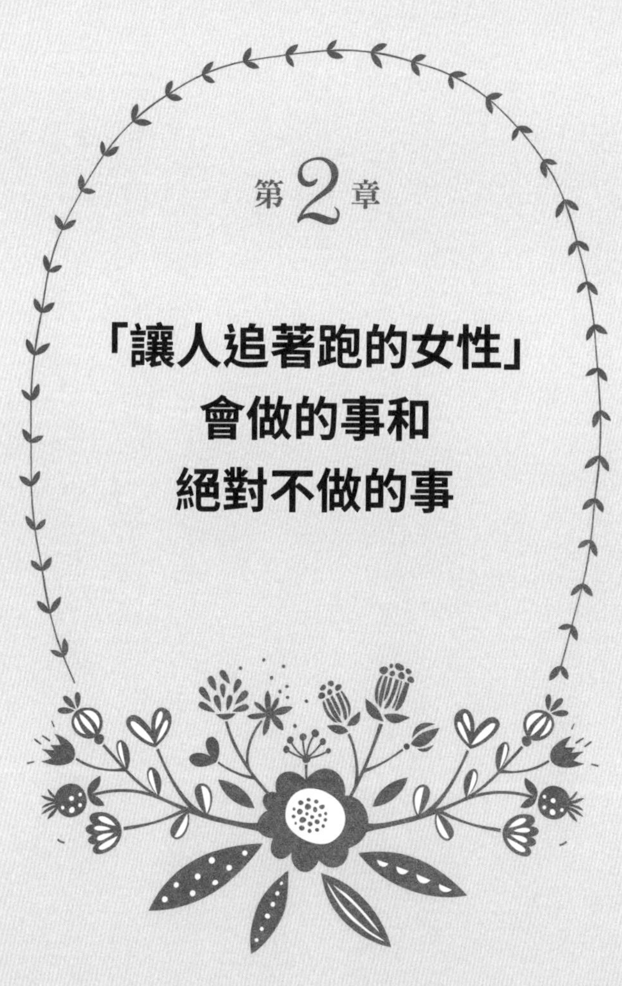

第2章

「讓人追著跑的女性」會做的事和絕對不做的事

有「心儀男性」約妳吃晚餐，該怎麼回覆？

好像可以到手又碰不到，就算到手了，一個疏忽對方又會馬上逃掉。男性是獵人，他們會迷戀總是能刺激他們狩獵本能、讓男性追著跑的女性。然後為了擁有這位女性，男性會像對待公主般的珍視她。

那麼，「讓人追著跑的女性」究竟都採取什麼樣的行動呢？讓我們來問幾個簡單的問題吧。

第1題

有一位妳有好感的男性，突然打電話給妳。他約妳「明天一起吃晚餐好嗎？」可是那天妳已經跟女性朋友有約了，妳會怎麼回答他？

(a) 取消跟朋友的約會，跟他去吃晚餐。

(b) 告訴他「我跟朋友有約」拒絕他的邀約。

這題應該不難吧。回答（a）取消跟朋友的約會，跟他去吃晚餐。是×。為什麼呢？**把對方的事擺第一，自己跟私事放在其次，是典型的「追著人跑的女人」、「好利用的女人」**。這樣做，他就會輕視妳，越來越把妳當成好利用的女人。

那麼回答（b）的人，如果接下來他這樣說，妳會怎麼做？

第2題

在妳拒絕之後，他不死心，告訴妳：「我們很久沒見到面了，妳還是來吧。我想當面跟妳聊天，我好不容易才空出時間的。」妳會怎麼做？

（a）**回答「那我問問看朋友能不能取消」，盡量往配合他的方向努力。**

（b）**還是拒絕他，告訴他「我跟朋友都約好了，我也很遺憾，可是明天真的沒辦法」。**

回答（a）的人是×。明明一開始拒絕了，只要他再施點壓力就會讓步，這種行為模式，是以對方為軸心轉動的「好利用的女人」、「追著人跑的女人」。男性會認為妳「只要稍微施加壓力，就會馬上讓步」而看輕妳。

一旦決定「NO」，不管發生什麼都不翻案

在第2題回答（b）的人，如果他還是緊迫盯人繼續追問妳，妳會怎麼做？

第3題

沒想到他其實已經為妳訂好餐廳了。所以咄咄逼人的說：「我餐廳都訂好了，明天，我準備了很多要讓妳開心的計畫，妳想做什麼我都奉陪到

底，妳還是來吧。」妳會怎麼回答他？

（a）他都這樣說了，取消跟朋友的約，去赴他的約。

（b）不管他怎麼說都還是拒絕，堅守跟朋友的約定。

人家連餐廳都訂好了，應該有很多人會選（a）吧。我在戀愛講座問學生的時候也是，幾乎所有人都在這一題選了（a）。

但是，如果妳的回答是（a），很遺憾的，妳也加入了「追著人跑的女人」、「好利用的女人」的行列。

男性會學到，「她雖然一開始說NO，只要施加壓力她就會翻案」，男性以後就會用盡各種手段讓妳什麼都依他。

不過，我也多少可以體會這種心情。自己有好感的人來邀約，會想盡辦法排除萬難赴約，戀愛中的人都是這樣的，會欣喜期待也很自然。

不過，我看過這麼多情侶，深切體認到的是，一旦妳開始配合對方，漸漸的，對方就會把妳當作「方便的存在」。不知不覺中，妳就變成了「追著人跑的女人」，也就等於女性被男性戴上了「項圈」。

如果是「讓人追著跑的女人」，會採取怎樣的行動呢？在我的經驗當中，交往得極為順利的伴侶，女性會這樣處理。

不管他對妳說什麼，如果妳原本就有別的約，就要堅持拒絕他的邀約。應該說，她們在第一題就已經不會說明「我跟朋友有約」之類的理由，她們只會說一句，「太可惜了，明天沒辦法耶」，乾脆俐落。

在這種情況下，說什麼「啊？怎麼辦。我跟人家約好了……我看看有沒有辦法調整好了」，這不是溫柔也不是體貼，這只是暴露出妳沒有自己的軸心而已。

自己下決定，一旦說了「ＮＯ」，不管發生任何事都別翻案。這才是「讓人追著跑」的女性。

重要的場合，更要清楚表達自己的意見

在我認識的女性當中，有一位這樣的人物。年紀在四十五歲左右，她說，自己有一份引以為傲的工作，做什麼事都盡全心全力，一回神已經到了這個年紀。

她對結婚這件事有很明確的想法，就是「與優秀的男性交往，半年內在夏威夷結婚」。

她一來到夏威夷，就馬上開始參加相親活動，然後順利遇到了相愛的對象，但是男方慢條斯理的，好像是覺得「交往個一兩年，等彼此夠了解了再結婚吧」。

而女方則是從一開始，考量到自己的年齡和工作，就打定主意「相親活動的期限是半年」。當時他們剛開始在男方有海景有庭院的獨棟房屋同居，不過，知道男方的態度後她表示：「好吧，那我再請人介紹別的對象。」

說完她馬上收拾好自己的行李，速速離開了那個房子。

排除任何曖昧模糊的關係，明確的傳達自己的想法，如果對方不能接受，就速速朝下一步邁進，她的行動非常清楚明瞭。

之所以能夠這麼毅然決然，也是因為她很清楚男方的熱度比她自己還高。如果是相反的情況，男方「戀愛溫度」低，女方是「追著人跑的女人」，那麼在她離開的那一刻，對方會說「那，再見了」，然後兩人的關係就此結束吧。

她很冷靜的識破了對方的「戀愛溫度」。

結果，一個星期後，男方打電話給女方。據說，他在這一個星期當中，一直在想，萬一她被別的男性搶走了怎麼辦，幾乎無法成眠。

他求她「我想跟妳結婚，請妳回到我身邊吧」，而她接受了。如她所願，她前後只花了八個月就步入禮堂。她就是「能燃起男性鬥志的女人」的典型例子。

這兩位結婚至今快三年了，到現在，他還是對她一往情深。他每次

見到我，都會跟我道謝，說：「她是最棒的太太，謝謝妳介紹這麼美好的女性給我。」

「自己做得到的」就別依賴別人，靠自己來

還有一位女性是這樣的。她三十多歲、以結婚為前提，剛開始跟經營建設公司的男性交往。

夏威夷跟日本是遠距離戀愛，女方是自己負擔交通住宿費來到夏威夷。男方在經濟上很寬裕，就跟她說：「我們是男女朋友，飯店的預約就讓我來吧。」

在這種情況下，大部分的女性，應該會很乾脆的接受這個提議吧。兩人是情侶關係，接受對方的善意是很自然的。

不過她卻拒絕了：「謝謝你的體貼。不過，我會自己訂飯店。」這是她對自己的行為擁有選擇權的一種宣示。

如果我希望你幫我訂飯店的時候，我會開口的。自己要怎麼做，由自己決定，她的這種宣示，傳達了她不會以對方為軸心而動的一種強韌。而她的這種態度，得到了男方的欽佩。

他在約會之後，有點激動的這樣對我說：「她很獨立。過去交往的女性，每個都欣然讓我出飯店費用，但是她卻說要自己負擔，這很了不起。」

她現在也順利的繼續在跟這位男性交往。

正視自己的意志，不會對男性言聽計從，有時候稍微捉弄他們一下。像這種不是三兩下就能掌握的女性，會讓男性「燃起鬥志」。

越聰明的女性越容易搞錯「燃起男性鬥志」的意思

所謂「讓人追著跑的女人」，並不是說渾身散發大量費洛蒙的性感女性。聽了許多男性的心聲，我覺得「讓人追著跑的女人」有兩大特徵，就是

（1）能燃起男性鬥志
（2）能滿足男人的自我意識

細節待我後述，只要理解這兩點，任何女性都能夠成為「讓人追著跑的女人」，無關年齡姿色。

反過來說，如果無法掌握這兩點，不管長得再怎麼美、身材再曼妙，最終還是得不到男性的青睞、抓不住幸福。

首先第一點「能燃起男性鬥志的女人」是怎樣的女性呢？是指「有自己的意見和想法、能憑藉自己的意志和判斷力行動的人」。

在這裡希望大家不要弄錯的是「燃起鬥志」的內容。

有自己的工作和收入、在經濟上能夠自立的女性常常會誤解，所謂的「燃起鬥志」並不是指能夠和男性對等的說話、知識豐富、資訊充足這一類事情。所謂的「燃起鬥志」並不是「和男性較勁」，而是「不要對男性言聽計從」。

甚至可以說，「自我軸心」要穩固到可以讓男人繞著它團團轉的地步，換個角度也可以說是自我中心。對男性而言，就是要這樣自我軸心強韌、重視自己的目標、能夠基於自己的意志行動的女性，才能讓他們「燃起鬥志」。畢竟男性本是獵人，對自己言聽計從的女性，像是「依賴心重的女人」、「迷戀自己的女人」，是無法燃起他們鬥志的。跟她們交往沒有什麼樂趣，不久就會厭膩了。

而交手之際有衝擊的手感，很難馴服的女性，就能夠刺激到男性的狩獵本能，會想盡辦法將獵物弄到手，於是不停的追在後面跑。這種過程，對於男性而言是樂趣無窮的。

男性最亢奮的，就是追捕獵物的時候。只要妳將自己維持在「被人追著跑的女人」模式下，男性就無法克制他們追捕獵物的本能。對男性而言，這才是「愛的醍醐味」。

等人的時候，妳會等「幾分鐘」？

假設妳有個約會，時間到了，男性卻沒有出現，也沒有任何聯絡。這個時候妳會採取什麼樣的行動呢？

會一直在原地等候的，就是「追著人跑的女人」。滿腦子都是對方，「他怎麼了？」、「該不會出車禍了吧？」、「他忘記了嗎？」滿心焦慮。然後應該還會一直打他手機，告訴他「我現在在××，你聽到留言回我個電話哦」、「你到×點都可以打電話給我沒關係」等等。大概還會不停確認LINE已讀了沒吧。

那麼，「讓人追著跑的女人」又會怎麼做呢？如果對方沒來，她們應該等不到五分鐘。當時間一到，對方沒有出現的時候，她們就會將心思轉到自己想做的事情上，像是自己去購物、看看想看的電影、約朋友吃飯等等。

等到聯絡上男方的時候，她們也不會生氣、擔心或責備。「你是工作到太晚才趕不上約會的啊？ＯＫ。」、「我這邊無所謂啊，我跑去看電影，然後跟朋友去吃飯了，玩得很開心。」她們是可以完全不受影響的。

遇到這樣的女性，男性會有什麼感受呢？「我不在的時候，她可以玩得這麼開心，到底都在做什麼呢？」、「該不會是跑去跟其他男人約會了吧？」男性會開始介意得不得了，然後，因為滿腦子都是這件事，就會開始追著女方跑。這裡是重點。

男性會被自己不在的時候也能玩得很高興的女性、（看起來）不需要自己的女性所吸引，這會馬上燃起他們的挑戰精神。

即使是一開始「戀愛溫度」較低的男性，這時候也會開始為了吸引這位女性而拚命追求。越是自尊心強的男性，這時候就會越拚命。

在這裡希望大家不要誤解，這不是在主張「對男性要冷漠」，而是別將時間用在想也沒用的事情上。

再來，對對方跟自己聯絡時的敏感度，也是能否成為「讓人追著跑的女人」的決定性關鍵。「追著人跑的女人」，在男性沒回LINE、沒打電

話來、簡訊回覆得慢的時候，會有「異常敏感」的反應。而男人其實也會觀察這點，所以妳的反應越是敏感，男人就越會盤腿旁觀。如此一來，妳就越發降格為「好利用的女人」。

而「能燃起男性鬥志的女人」，是絕對不會搖著尾巴順從男人的，所以也不會癡癡等候男人的聯絡。

自己想跟男性聯絡的時候就會聯絡，所以，即使男人不跟自己聯絡，也不會在意。沒有聯絡的時候，享受屬於自己的時光就好了。

用最謹慎仔細的態度來處理男人的「自尊」和「自卑」問題

第二點「能滿足男人的自我意識」，說的又是怎樣的女性呢？是會去滿足男人的「自尊」，不刺激他們「自卑感」的女性。接觸了眾多男性，我覺得**男性是一種非常重視「自尊」的生物。而在這同時，他們卻又有著**

令人難以置信的強烈「自卑感」。

不論自尊心再怎麼強的男性，也一定會有自卑之處。請記住，對男性而言，自尊與自卑只隔層紗，是互為表裡的。妳就試著想像這樣的生物吧。自尊和自卑背靠背緊密結合，然後外面裹了一層叫做「自我」的薄皮到處走動的一種纖細敏感的動物，這就是男人。這是我從事配對工作二十年以上的經驗中定義出來的男性形象。

潛藏在男性內面的自尊和自卑感，其實比想像中還容易外露。

比方說，男方約女方出來約會。女方如果玩得很開心，男方感受到自己成功取悅了女方，就會滿足他的自尊心、滿足自我意識。

不過只要女方顯現出一丁點無聊的樣子，男方就會覺得是不是自己的約會技巧不夠好，失去自信，自卑感就會爆發出來，自我的薄皮破裂，遍體鱗傷。

他們是不是一種很單純易懂、很可愛的生物呢？女性的一個小動作，就可能決定了引發出的是他的自尊還是自卑感。

因此理所當然的，男性最愛的是能夠引發他自尊的女性。他們想要受到女性的尊敬、希望被感謝、希望女性認為他們是了不起的男人，所以滿足他們的這些需求、讓他們感到自我被肯定，就能夠帶給他們身為男人的自信和活力。

怎樣才能讓男人「再怎麼麻煩的事」都主動代勞？

我常常會對老公大人說「你好棒」、「你是對的」、「你好聰明」、「你太了不起了」。換句話說，就是說一些話讓他覺得「我是男人」、「妳的boss是我」，去激勵他的自尊心，這樣男性就會滿心喜悅，充滿自信。

而萬萬不可的，就是去刺激他們的自卑感。男人很容易受傷，容易自卑，這個地雷絕對不要去踩到。

只要這樣去滿足他們的自尊心，不要觸及他們的自卑感，包覆男性的

「自我」就會感到飽足，龍心大悅，而對於能夠帶給他們如此感受的女人，男人自然是緊抓不放的。

當他們充滿自信和活力，這個活力就會成為追求女性（也就是妳）的原動力，這就是「讓人追著跑的女人」的技巧。

「你真棒」、「你好聰明」、「你太強了」，我就是這樣吹捧老公大人的，所以我不但不用做任何家事，連家裡一些瑣事老公大人都會幫我解決。

因為老公大人已經認定（誤以為）「這個家的老大是我」，所以付水電費就不用說了，連倒垃圾、拿信件包裹進來都是他在負責。我結婚之後，從來沒有去收過信件。

剛結婚，我們兩個正外出旅行時，曾經因為沒有人去收郵件，信箱裡面塞得滿滿的，導致信件包裹全部都被退回郵局。

後來，只要他長期不在家，一定會自己去通知郵局「暫停投遞」。因為我是不會去收信的，他會在自己長期外出的時候，把手續辦好。常常

會有女性抱怨「我先生完全不幫忙做家事」或是「他從來沒幫我倒過垃圾」。這是因為妻子不是把丈夫當「老大」，而是試圖當「家臣」。

如此一來，丈夫的自尊心受傷，自卑感受到刺激，包在他外層的「自我」薄皮就會變得破破爛爛。失去自信和衝勁的丈夫，就沒有心情支援協助妻子了。

首先，妳要用「帶來自信的言詞」灌溉男性。

我把愛犬名字改成「Honey Dog Keifert」的理由

我再婚嫁給老公大人的時候，帶著我的迷你臘腸狗。一開始，買飼料、寄放寵物旅館，都是我在付錢。狗是我的，說起來也是理所當然。

不過有一天，我靈機一動想到要幫狗改姓。

我自己一結婚馬上就改成他的姓「Keifert」。在美國，夫妻可以別姓，不過為了滿足他的自尊心，我答應從他的姓「Keifert」。這完全是我個人的意見，不過我覺得不需要拘泥於姓氏。某方面來說，「我改從你的姓」是最能滿足男性「自我」的舉動，是可以好好利用的一點。

不僅如此，我還把狗狗的名字從「Honey Dog」改成「Honey Dog Keifert」。自從我開始稱呼狗為「Honey Dog Keifert」，他不但開始去買狗飼料、早晚餵牠、連大小便跟散步都包了。我一把在寵物旅館登記的名字改好，他就開始負責帶狗去寵物旅館，連昂貴的旅館費用和醫療費用都變成他在支付。

像這樣讓他覺得「我才是老大」，男性就會什麼都一手攬下。

關於姓氏，或許有人會覺得「我辦不到」、「我不想」。當然這是個人的自由，不過，我自己是覺得沒什麼損失。

別買「蓋子可以輕易打開的東西」

讀到這裡，或許妳已經發現了。能夠滿足男人自我的女人都很會「假裝」。擅長讓男性誤以為「你好聰明」、「你太強了」、「你才是老大」。妳不見得需要真心這樣想，像我，就常常拜託老公大人幫我開蓋子。我如果要開也是可以靠自己打開，但是我會「假裝」力氣不夠大打不開。或許有人覺得「裝模作樣的好像在欺騙對方，我不喜歡」，但是這樣對男女雙方而言是一種雙贏的關係，雙方都能因此獲得幸福，當然不是壞事。能夠滿足男人自我的女人，為了自己，也為了對方，會正大光明的「假裝」。

在工作上，明明就會使用各種手段讓自己成功，為什麼在戀愛上不能用同樣的手段讓自己修成正果呢？遇到理想的男性，想辦法讓他愛上自己，然後兩個人都得到幸福。妳的目的在此，不需要有任何罪惡感。

男性原本就有想得到女性感謝、受到女性尊敬的欲望，因此妳要告訴他「你才是老大」、「你太強了」，並提供他證明的機會。

如此一來，男性就會覺得「我才是老大，應該由我來照顧這個家、由我來指揮、一切都要靠我了」，然後主動扛下一切，女性有任何需求，他都會幫忙。

為什麼呢？這點其實非常重要，讓男性覺得「妳的老大是我」，男性就會開始想要保護妳。

妳想想看，野生動物也是如此。成熟的雄性動物有著想當老大的宿命，如果出現把自己當作老大的族群，牠就會擔任首領，拚命保護這個族群。男人也是一樣的。

讓他幫妳開瓶蓋吧，讓他幫妳拿高處的東西吧。有蟲子、打雷了、見血了、看到恐怖片，在這樣的時候，「假裝」自己是柔弱的女人吧。不是「假裝」，而是真的害怕的，是「依賴心重的女人」，會讓男人受不了，如果是「讓人追著跑的女人」則懂得不時「假裝」一下。用這樣的方式巧妙的刺激男性的保護本能，如此一來，男性身為老大的自尊就會油然而

生，說「真是的，我來解救妳吧」，然後對女性鞠躬盡瘁。

對方說起「當年勇」的時候，要微笑靜靜傾聽

男性有著女性完全無法理解的「男人的自尊心」。有些事情，女性看來根本微不足道，對男性而言卻是非常有損自尊。

其中一個就是「在人前否定或指正男性」。就算他錯了，也不要「在人前」指出或是提醒他，更別說在他部下或親近的人面前，萬萬不可說貶低他的話。男性「在人前」希望自己看起來更偉大，所以有時候會稍微加油添醋的講一些自己的英勇事蹟。在這種節骨眼上，就算妳心裡想著「又來了」，也不要當場糾正他，就讓他自由發揮。妳只要「呵呵」笑一笑，閉著嘴聽就好了。男性最大的弱點，就在「金錢」方面，世間的太太們，很容易不小心就在人前說出「他錢賺很少」之類的話，這些發言是絕對禁止的。如果出現這方面的話題，請妳這樣說，讓男性保留他的自尊心吧。

「不管錢賺多賺少，我們這個家庭多虧了我先生拚命工作，我很感謝他為了我們這麼盡力付出。」

被妳這樣一說，男性就會覺得「我要更努力才行」。要是妳貶他說「這個人真的不會賺錢」，那他應該會很生氣的說「對啦，都是我不好」，而不會想要再努力工作了吧。

比方說，他約會時帶妳去的餐廳，就算品味不好，也不要因此揶揄他。就像妳自己並不是完美的，他也不是。

所以妳可以開朗的這樣說：「選這家餐廳有點失算了喔。不過這種事是難免的，算是增加了一次寶貴的經驗，這樣也不錯啊。」

如果妳這樣說，男性下次就會想要再努力。「能夠滿足男人自我的女人」，對於努力想為自己做一些什麼的男性，不會吹毛求疵、表現出不滿，更不會去批評他。

與其抱怨，不如接受男人為了妳努力付出的心意，表達感謝的心情，去滿足男人的自我。只要這樣做，就能夠激發出男性想更討女性歡心的鬥志。

一起去旅遊，「會因此分手的情侶」和「感情變得更好的情侶」關鍵性的不同

來介紹一下我遇過的情侶吧，有不好的例子跟好的例子。

有一位長得很漂亮的女性，故事發生在她跟男友一起到茂宜島旅遊的時候。男友訂的是茂宜島的高級飯店，大韋利亞酒店。

很多女性非常在意旅遊時住宿的飯店，因為對方預約高級飯店，可以讓她們覺得自己被重視，而幾乎所有的男性都不像女性那麼介意飯店的品質。

這位美女嚮往的是旁邊的四季酒店，她原本希望住在那裡，所以，她在人前就吵鬧起來：「咦？為什麼不是四季酒店？我想住四季，為什麼你不是訂四季呢？」然後，她氣得大罵：「小氣鬼！小氣鬼！」她的男友是一位溫和敦厚的老師，明明訂的是高級飯店，卻在大庭廣眾之下被連聲罵「小氣鬼！」他對女友幾乎愛意盡失。

男友又想起她過往的浪費習性及過高的自尊心，旅行結束後馬上提出分手，不管她再怎麼懇求，這兩位再也無法恢復原來的關係。

還有一位女性，在完全相同的情境下與男性到茂宜島旅行，她想住的也是四季酒店。

男友訂的是大韋利亞酒店，可是她完全沒有挑剔。

不僅如此，她首先還非常開心的說：「大韋利亞好棒喔！」盡情享受了這次的旅行。然後，為了滿足他的自尊心和自我，她還向他撒嬌說：「下次我也想住住看四季酒店耶。」不用說，在下一次旅行的時候，他興高采烈的訂了四季酒店。

沒有任何的理由，可以允許我們去貶低對方。為什麼要特意去傷害對方的自尊心呢？應該要滿足男性的「自我」，他們才會努力，最終達成女性的願望。就算眼前的狀況不理想，只要對方有心下次努力，總有一天他們會完成我們的心願。

不要「總是各付各的」，也要懂得說聲「謝謝」讓對方請客

我再重複一遍，「想討女性歡心、想讓女性滿足」就是男性的自我。所以，「能夠滿足男人自我的女人」，也就是「讓人追著跑的女人」，會坦率的接受對方的心意，感到開心。

如此一來，男性就會很高興，變得更想討女性歡心，產生益於雙方的良性循環。

不過世界上也有一些女性無法坦率接受男性的善意。多半是有正式工作的職業婦女，她們那種「不能依賴別人」的想法，在接受別人好意時造成了干擾。

這一類型的人，枉費男性想要討女性歡心，請她吃飯，會毫不猶疑說出「那，我們各付各的」。這句話絕對無法滿足男性的自尊心。職業婦女有著什麼都可以靠自己的韌性，會說「沒關係，我可以的」、「我自己來」，拒男性的善意於千里之外，有時候在無意之間就傷到男性的自尊心，或是喚起他們的自卑感。

這樣做會傷害到男性的「自我」，讓他們失去追求女性的興趣。職業婦女最後得到的會是一句「妳並不需要我吧」或是「妳今後自己一個人也無所謂吧」。這些話的背後藏著男性的真心話，就是「我對妳沒興趣」。

而會接近「不擅長接受的女性」的，都是些靠不住的男人。只有那些可以毫不在乎的拿女人送的禮物、讓女人請吃飯的「吃軟飯型」男性會靠過來。如果妳心裡有數的話，首先，請將妳那種「不能依賴別人」的想法歸零重整一下吧。

不要擺出「我什麼都可以自己來」的姿態

其實我自己以前也是「不擅長接受」的女人。不用靠男性請客自己也上得了餐館，昂貴的禮物自己也買得起，我認為「不用靠你，我全部都做得到」。

不過，抱持著這樣的觀念，就沒辦法尊敬男性，男性卻是一種要靠著女性的尊敬來建立自信心、帶來能量的生物。

我經營「Matchmaking Hawaii」，聽了許多男性的心聲，了解到我的行為是錯的。於是我重整了一下自己的觀念，終於成為一個能夠給男性面子、知道如何接受善意的「擅長接受」的女人。

這個「擅長接受」，換句話說，就是「擅長撒嬌」。單是「撒嬌」，就只不過是個「依賴心重的女人」，而所謂的「擅長撒嬌」，則是擅長「假裝」撒嬌的女人。

其實很獨立，不需要男性伸出援手也什麼都做得到，但是，在必要的時候會「假裝」。例如在赴約的途中迷路了，其實自己看地圖確認一下或是問別人可能就馬上解決了，可是我就會打電話給老公大人。

「對不起——我迷路了，我在一個這樣這樣的地方，可以看到這樣的建築物，要怎樣才能到那邊呢？」只要我這樣求助，老公大人就會欣然教我怎麼走。

然後，到了以後，我一定會說一些過度誇張的謝詞。「我都不知道該怎麼辦了，還好有你在，真的太謝謝你了。」這樣說，老公大人就會擺出一副「跩樣」，龍心大悅。

需要注意的是，如果是「依賴心重的女人」，從一開始就會說：「我會怕，我一個人沒辦法去，我又不會認路，不要啦，不要啦，我自己沒辦法去，你來接我。」搞得很麻煩。依賴對方的「撒嬌」跟「假裝撒嬌」本質上是完全不同的。依賴心重的女人連談都不要談，凡事靠自己做得到的女性，才應該培養自己「擅長接受」的能力。

總結「讓人追著跑的女人」都怎麼做

1 「讓人追著跑的女人」做什麼都繞著自己的軸心。

2 「讓人追著跑的女人」不會被「熱空氣」蠱惑。

3 「讓人追著跑的女人」會尊男人為老大。

4 「讓人追著跑的女人」擅長「假裝」。

5 「讓人追著跑的女人」不會挑男人的毛病。

6 「讓人追著跑的女人」擅長接受。

第3章

男人的思考回路

男人會在「59秒」內判定女性的類型

在相親媒合的工作中，幫男女安排約會，通常結束之後，我會去問男女雙方：「你覺得怎麼樣？」這時候，可以得知一個驚人的事實，就是同一個約會，「男方」和「女方」敘述的故事卻有發人深省的差異。

比方說，有一位女性在第一次約會的時候，男性沒有約她去喝咖啡。

這位女性是這樣對我說的：「他感覺很不錯，可是好像不是很習慣跟女性相處，連約我去喝杯咖啡都不會，我們就在飯店大廳聊了三十分鐘而已。我還想再跟他見面，請妳教教他，下次要約我好好喝杯咖啡。」

而男方的說詞則是：「一見面我就覺得她不是我喜歡的型，我想也不應該浪費她的時間，所以在大廳聊一聊就道別了，我沒有打算再跟她見面。」

女方因為覺得男性感覺很不錯，認為「彼此都有好印象」，但是男方卻是一見面就認定「不是我喜歡的型」而「謝謝再聯絡」。

其實這是很常見的狀況。**男性對於第一次見到的女性，只要覺得「沒興趣」，「59秒」就會將心門關上。**

這個「59秒法則」，是我在過去親耳聽了二十年以上男性的心聲實際體會到的。當然這並不是一個科學的數據，我想表達的是，「在這麼短暫的時間內」男性就會對女性下判斷，決定要追還是不追。

女性剛見面，即使覺得「不是自己喜歡的型」，只要對方感覺還不錯，或是對方像照顧公主般對待自己，還是有可能改變想法，覺得「再聽聽看他要說什麼好了」、「說不定他有什麼不是一眼就看得出來的優點」。

相對的，男性是獵人，他們不會去追沒有興趣的獵物。見了面，他們會用「59秒」來判斷對方，如果感覺不是自己要的獵物，他們就會毫不留情的關上心門。

關鍵取決於女性散發的光芒和能量，也可以說是氣場或氣氛。

缺乏自信的女性，或是覺得自己沒有價值的女性，就會黯淡無光，無法引起男性的興趣。而「讓人追著跑的女性」則擁有獨特的氣場、強韌度和光芒，所以能夠吸引男性。

當女性從內部散發光芒的時候，男性就會像仲夏夜群聚於街燈的飛蟲般，嗡嗡嗡的圍過來，開始大敞心門，拚命追逐這位女性。

勝負完全取決於第一次見面的前「59秒」。一旦男性在這個時候關上心門，之後妳想跟他談戀愛就相當困難了。

「48小時內」沒有回音，就徹底放棄吧

從二十多年的婚姻媒合活動所歸納出來的男女法則中，除了前面提到的「59秒法則」之外，還有「48小時法則」。

就算妳突破了「59秒」關卡，如果在約會完「48小時內」沒有聯絡或沒有約下次見面，妳就可以當作男性的熱度已經退掉了。

這也是我看了許多男女之後實際感受到的事情之一。

如果男方的「戀愛溫度」較高，他會在第一次見到妳的當天就試圖敲定下一次約會。

愛上約會對象的男性，會在約會完的第二天，一大早就打電話到我辦公室：「她覺得我怎麼樣？」我把這個稱作「大清早電話」。

有這通「大清早電話」，就知道男方已經進入猛烈攻勢，接下來就看女方的心意，兩人之間的戀愛可以操縱自如。

如果沒有這通「大清早電話」，就表示他並沒有瘋狂墜入愛河。如果他沒有在「48小時內」跟妳聯絡的話，妳就該停止夢想跟他的未來了。

第一次約會後，如果對方沒有在「48小時以內」跟妳聯絡，就毅然放棄吧。如果只是在妳都忘了，比方說一週後左右才聯絡的話，那顯然他對妳沒有太大的興趣，請注意，在這種節骨眼上別當「追著人跑的女人」。

女人追求的是「結果」，男人追求的是「刺激」

男女的思考模式是完全不同的。「因為我是這樣想的，所以他一定也有同樣的想法」，這樣的主觀想法是很危險的。

基本上，女性追求的是盡快讓關係「安定」下來，得到「結果」，想要早點得到「保證」。

相對的，男性是獵人，比起「結果」，他們更想沉浸在「刺激」和「雀躍感」當中。吸引他們的是從相識到關係穩定、得到結果這個「中間過程」，正因為不知道結果，所以才興奮，正因為沒有保證，所以才鬥志高昂。對男性而言，這才是戀愛的醍醐味所在。

而他們對於似乎快要到手卻沒有到手的東西，會異常的沉迷。正因為無法輕易到手，「想要」的欲望更加高漲，爭鬥本能就此萌生。

了解了這種男性心態，妳就應該知道不能輕易把自己雙手奉上。犧牲自我迎合男性、對男性鞠躬盡瘁、追在他們後面跑，這些行為只是剝奪了男性在戀愛中的醍醐味。如果戀愛當中，追求的雀躍感蕩然無存，男人當然會失去興趣。

如果妳在跟男性的關係中追求的是安定、保障和結果，請讓男性先充分享受當個戀愛獵人的樂趣。

最理想的是，等到男性情緒達到最高點的時候才開始交往。當然，即使開始交往後，依舊穩住妳的「自我軸心」，這對女性而言是非常重要的。

不要對男性雙手奉上自己的一切，不要當「屬於他的女人」。要當一個保有許多自己的樂趣、即使男性不在身邊，也能度過多彩愉悅時光的女人。

總之，妳要讓對方覺得，男性對妳而言，只不過是妳眾多樂趣當中的「one of them」。只要維持這樣的姿態，男性就無法停止追求女性。

女性想要的安定與保證、確切的結果，必須藉由讓對方持續追求自己才能到手。

男人絕對沒有要從女友身上尋求「母性本能」

女性天生就具備「母性本能」，實在有太多女性把這個「母性本能」毫無保留的展現在男性面前，這點一定要小心，這是我特別想告訴女性的一點。

男性並沒有要從女性身上尋求「母性本能」。

我就直截了當說了，「女性（情人／妻子）」和「母親」是完全不同的，因為跟母親是無法發生肉體關係的。

所謂的母性本能，就是母親。當情人拿出母性本能相待時，男性會從這位女性身上感受到母親，變得無法和她發生關係。我認為日本有許多無性夫妻，就是因為女性露骨的對丈夫釋放母性本能造成的。

「母性本能」和「體貼」完全是兩回事，這一點希望大家別搞混了。

「不好的母性本能」會化作像對待小孩般的言行舉止。

例如「不可以〇〇喔！」、「你三餐營養均衡嗎？」、「不要忘記

△△喔！」、「肚子餓了沒？要不要吃什麼？」、「到家打個電話給我喔。」、「你要小心不要遲到囉。」、「你手洗了沒？」、「不要感冒囉！」……這些全都是「母親的舉止」。

我在任何情況下都不會對老公大人說這些話。

就算他沒洗手然後吃壞肚子，那也是他自己的責任。肚子痛的又不是我，思考以後該怎麼做也是他的事。我也不會問他「肚子餓不餓？」肚子餓了他自己會吃東西，對方已經是個成人了。

如果像個母親一樣什麼都幫男性做得好好的，或許他一開始會很高興，不過漸漸就會高傲起來，開始把女性當作一個遵從自己的人，當作「好利用的女人」，正如第一章的發展過程。

要我再強調幾次都沒問題，男性是獵人，面對身為獵物的女性，會想要引起她們的關注，為她們做許多事。如果女方徹底剝奪了這些機會，在什麼都幫對方做的情況下，男人的自尊心就會消失殆盡。

我之所以可以跟老公大人維持良好的關係，就是因為我並不是用「母愛」來包圍他，而是以「女人」的身分對待他，尊老公大人為老大，總是讓他覺得「I am the MAN」的緣故。

男人需要「自己一個人的空間」

男人是一種不可思議的生物。女性是一種「什麼都想跟對方分享的生物」，而男性則必須有「獨處的時間和空間」。

當發生了什麼事，或是需要思考的時候，男性一定會想要「獨處」。這是女性很不容易理解的男性特質，我稱之為「越冬法則」。

為什麼我會這樣說呢？因為男性是一種有時候需要花很多時間來解決問題、導出結論的生物。

就像前面提到的，女性動輒就想得到結果和保證，而只要找人傾訴問題，或是盡情大聊特聊，就可以覺得問題解決了。

但是男性身為老大，為了導出正確的結論，需要時間讓自己消化問題。

我自己也常發生這種情況。有時候，我跟老公大人說了一些事，然後我自己都忘得一乾二淨了，過了差不多一個星期，老公大人才來跟我提「妳上次說的那件事……」把我嚇一跳。

男性這種生物，有時候就是會考慮得這麼徹底、試圖做出這麼完善的結論。因此，我覺得可以理解他們是需要時間和空間的。

我很清楚男性的這個心理，所以我在家裡為他保留了「老公大人專用空間」。**在那裡，放著他頂尖銷售員的獎盃和獲得的各種頭銜表彰獎狀、感謝狀**。

客觀來看，那些東西放在家裡只有占空間而已。大部分的女性可能會說「那些東西很占位子，丟掉吧」。不過，我絕對不會這樣說。因為那是他的自尊，象徵了他重要的「自我」。

這些老公大人的「自豪集合體」就裝飾在他專用空間最醒目的地方。每次我進去的時候，就會讚賞的說：「哇！真棒！太厲害了！」這時他得意的表情，就象徵了男性的心理。

老公大人常常會把自己關在他這個專用房間裡，等他從房間出來的時候，總是顯得心情極佳，妳就可以看到對男性而言，擁有一個能夠獨處的空間有多麼重要。這樣重要的殿堂，女性是不能輕易擅自入侵的。

每個人都有每個人重視的事、自豪的事和堅持的點。象徵這些事的，或許是獲得的獎盃、或許是一本書，也或許是一個模型。對於這些東西，絕對不能刻薄無情的說「這種東西怎樣怎樣」，請妳務必徹底尊重這些物品或是空間。

女人試圖利用肉體得到「愛」，男人試圖利用愛得到「肉體」

常常有女性找我談「肉體關係」的問題。不管是諮商也好戀愛講座也罷，女性在這方面的提問從來沒有間斷過。

首先希望大家掌握一個前提，就是許多女性會將肉體當作得到愛的手段。為了換取對方的關注，而獻出自己的肉體，特別在「追著人跑的女人」中有很多這樣的類型。

而男性，則是將愛當作得到肉體的手段，這是和女性最大的不同。

男性可以毫不遲疑的吐出一句又一句肉麻的熱空氣：「現在沒有妳我已經活不下去了」、「妳是全世界最棒的女人」、「我一輩子都不會放妳走的」……

這時候女性就會覺得「他這麼愛我，我應該可以把自己交出去」。而在發生關係後，如果對方態度冷卻，或是不再珍視自己，女性就會認為「結果他要的只是我的身體」，然後感到悲傷或憎恨。

如果發生關係後，看到對方態度轉變，妳會覺得傷心或憤恨，那麼一開始妳就不該跟他發生關係。正因為妳是為了換取愛而獻出肉體，才會變成這樣的結局，肉體是無法取代愛的。

「讓人追著跑的女性」一開始的目的就不同了，她們是為了享受而發生肉體關係的。發生關係既不是為了引起他的關注，也不是因為想獲得愛，純粹是為了自己想這樣做而已。

因此，在事後不管男性的態度變得如何，只要她享受到樂趣了，其他都不重要。既不會傷心，也不會恨對方。

不是為了男性，而是根據自己是否想做的這個「自我軸心」來判斷，男性追求的是這種能夠燃起他們鬥志的女性。

即使發生關係，也別擺出一副「我是你的女人」的態度

在第一次跟男性上床後，「追著人跑的女人」會把對方當作自己人生的一切。即使原本跟朋友有約、或是有重要的事，也會為了見他而取消其他的事，把對方放在第一順位。

如此一來，男性就會確信他已經完全征服了這位女性，而失去作為狩

獵者的興趣，開始對女性態度輕佻隨便，尊重的心情恐怕也會減弱。

我來說個幫她安排過約會的一位女性的故事。

不管任何男性要求肉體關係時，只要她不願意，就會清楚的這樣傳達：「No, not this time.」不，現在時機未到。

她毅然決然的態度，燃起了男性的狩獵魂之火，結果居然有兩位男性同時迷上她，希望跟她認真交往。

他們彼此都知道競爭對手的存在，不過，在這樣一位想法堅定的女性面前，他們無法說出「我希望妳不要跟別的男人見面」。

為什麼呢？因為他們尊重這位女性的想法。沒有正式交往對象的單身女性，擁有跟其他男性自由戀愛的權利。好的男人，會去尊重這一點，而捺住性子等候。

而她，則同時跟這兩位男性見面，對他們好好的評估了一番。當她跟其中一位見面時，另一位會清楚的知道「她此刻跟那位男性在一起」，由於她是單身女性，他們可以想像她是有可能和對方發生肉體關係的。

不過，他們無法指責她、也無法要求她「別跟另一個男人上床」，因為她那種毅然決然的態度是不允許他們這樣做的。

以男性的角度看來，即使發生了肉體關係，也無法抱持已經完全征服對方的確信。只要男性無法確信「這個女人已經屬於我了」，他們就不會停止追求。即使發生肉體關係，也不會讓對方覺得「我只屬於你」，這才是「能燃起男性鬥志的女人」。

幾個月後，她選擇了其中一個人，而沒有被選上的那位男士，還向她道謝說「謝謝妳與我共度了這些美好的時光」。

把人甩掉還能讓對方道謝，這才是「能燃起男性鬥志的女人」的真本領。

他們或許討厭「壞女人」，卻最愛「小壞蛋」

英文裡的「bitch」，是指任性、自我中心、自我主張明確的女性。因為自我中心，所以不會對男性言聽計從，反而會把男性要得團團轉。從某種角度看來，這也可以說是「燃起男性鬥志的女人」吧。

「bitch」又有兩種，「壞女人big bitch」和「小壞蛋small bitch」。

「壞女人」，也就是任性驕縱的女性，會遭到男性的嫌惡。「你一定要幫我做那件事」、「你一定要幫我做這件事」，只想到自己，開口閉口就是「我、我、我！」的女性，會讓男性厭煩不已。

不過一點點「bitch」，也就是「小壞蛋」，則可以讓男性「燃起鬥志」，引發身為狩獵者的興趣。

每當我問男性會員：「你們男人啊，雖然討厭『壞女人』，卻挺愛『小壞蛋』的嘛！」大家都會「啊哈哈哈哈」開懷大笑，證明我說中了他們的心事。

男性雖然討厭「壞女人」，但是完全激不起鬥志的，他們更沒興趣。所以如果硬要選「bitch」或不是「bitch」，他們一定是會選「bitch」的。「讓人追著跑的女性」、就是有一點點「bitch」，「小壞蛋」才是男性的最愛。

環顧四周，美國女性很多都是「bitch」。自我主張非常明確、且以自我為中心。對於男性也是，只要無法認同，就會猛烈攻擊他們。這的確是能「燃起男性的鬥志」，但是一不小心，就可能變成「壞女人」。

而日本女性整體而言多含蓄內斂，由於常常順從對方、不明言自己的主張，很容易被認為「燃不起鬥志」。

日本女性應該比目前再多一點點積極性、再多提醒自己當個「bitch」，我覺得如此一來，日本女性一定可以博得全世界男性的青睞。

絕對不要對男人做的四件事

在本章的最後，讓我來介紹許多女性不小心就會犯下，但是絕對不應該對男人做的「四件事」。

我在提供諮商的時候感受到，讓男性開始對女性覺得厭煩的「導火線」大致上不出這四件事，這些事會確實且急速的降低對方的「戀愛溫度」。

(1) 在男人身上劃地盤的女性會惹人厭

開始跟男性交往後，有一個許多女性會犯下的過錯，就是到男方家時，試圖留下自己的私人物品、或是留下自己的痕跡的行為，我把它稱為「劃地盤」。

「劃地盤」是一種為了防止別的女性入侵，而宣示自己主權的行為。一旦妳開始這樣做，就證明了妳已經變成了「追著人跑的女人」。當女性開始劃地盤的時候，男性絕對會察覺。

這時候，他們就會開始自我陶醉「這女人已經屬於我了」然後開始對女性變得隨便。而當女性劃的地盤、做的標記隨處可見時，他們應該會覺得自己的空間遭到侵犯吞噬，而開始覺得厭煩。

我跟老公大人還在交往階段時，即使去他家過夜，也從來不會將私人物品留在他家。去他家的時候，我會自己帶盥洗用具和換洗衣物，然後一定會帶回家。化妝品和洗髮精也會帶小樣品去，用過就扔掉。

如果女性都沒有劃地盤，大部分的男性應該會說：「每次帶來帶去不是很麻煩嗎？妳要不要把東西留在這裡？」這是因為，只要女性開始劃地盤，男性就能夠得到確實證據，認為這位女性已經變成了「我的女人」。

這時候，妳應該微微一笑，告訴他：「謝謝，那從下次開始我會這樣做的。」然後，下一次去的時候依舊什麼私人物品都不留下。

這時候男性就會覺得，在他的地盤上沒有留下任何這位女性的痕跡，

無法得到對方變成「我的女人」的確實證據，然後，他就會不斷繼續追求女方。

（2）眼淚攻勢跟男人的動粗沒什麼兩樣

「追著人跑的女性」，往往希望男性能夠不透過語言就心領神會。她們會希望，男性可以察言觀色，從女性的表情和氣氛察覺她們的心事。

不過，請妳認清，基本上男性不擅長「非語言」傳達方式。面對男性，妳不好好用語言講清楚，是絕對不會通的。

當無法讓男性理解自己需求時，女性往往會責備、哭泣、退縮、鬧彆扭，「哭泣」特別是精神上不成熟的女性常見的行為。

達不到自己的目的，就哭哭鬧鬧的話，跟男性不如意時對人動粗是同等的行為。

如果妳男朋友會在不如意的時候有暴力行為、或大吼大叫，妳會有什麼感覺？妳會跟他結婚嗎？妳應該會覺得暴力行為是「無法接受」的吧。

對男性而言亦如是。在不如己意時，女性哭哭鬧鬧、鬧情緒，在男性眼中也是「無法接受」的。**請記住，女人「哭鬧」是跟男人的動粗同等「令人無法接受」的舉動。**

用哭做手段的女性，企圖用眼淚來博取對方的同情與關心，用眼淚來迂迴的提出訴求，不過男性對於這樣的女性，只會感情降溫，不會增加愛意。他們會覺得妳「只是個沉重難纏的女人」，絕對不會選擇妳作為人生的伴侶。

特別是如果女朋友在大庭廣眾之下哭，周遭的人可能會白眼以對，覺得「那個男的把她弄哭了」，讓男人無地自容。用這樣的手段，將男朋友陷於不義，這種女人很難得到男人的心，因為傷害到了男性的自尊。

那麼究竟應該怎麼做呢？很簡單，希望對方為自己做什麼，就直接用語言告訴他就好。不要用那些迂迴曲折的手段，什麼希望他從氣氛察覺啦、希望他自己領悟之類的，請妳直接告訴他：「我希望你這樣做」、

「我的想法是這樣的」。

許多夫妻走到離婚這一步，是因為兩人之間的對話與溝通決定性的不足。

「讓人追著跑的女人」能夠冷靜且明確的將自己的想法告訴男性。又不是在玩超能力遊戲，把自己的想法和希望對方做的事，清楚的用語言表達出來是很重要的。

而萬萬不可行的，就是哭。「女性的眼淚」有時是一種卑鄙的行為。

（3）如果妳想跟男人較勁，他們會毫不留情的迎戰

我在各種研討會或諮商中，都會提到「當個能燃起男人鬥志的女人吧」。結果跑出一些女性，誤解了我的意思，試圖跟男性較勁。

不要跟男性較勁，因為妳如果刺激到男性的戰鬥本能，男人會毫不留情的迎戰。而越是有能力的男性，戰鬥本能越強，他們反而會對妳進行徹底的攻擊。

有一位女性是這樣的。她在外資證券公司工作，她的約會對象，是一位眼光精準的男性投資家。

在約會的時候，男方提到世界局勢和經濟的話題，據說女方也不甘示弱，馬上表示「那個我知道，就是這樣這樣對吧？不過我覺得應該是這樣這樣的」。

她應該是很努力想扮演一個「能燃起男人鬥志的女人」，但是在男性眼中，就好像是在煽動議論，使得她看起來狂妄自大。聽說，男性後來對她的意見提出反論，徹徹底底的打敗了她。

約會的第二天，男性馬上就打電話來給我。

「我覺得她的確很有魅力，但是卻讓人覺得很不舒服。我是不知道她擁有多少經濟方面的知識，但是我可是專家啊。她居然想跟我平起平坐一爭高下，這一點我覺得很不可愛。我沒有再跟她約第二次會的意願了，如果她來邀我，可不可以幫我推掉？」

在這個案例中，女性對男性宣戰就是個很大的錯誤。不要對男性挑

釁、爭執，因為妳不是要把男性變成「敵人」，而是必須把他們變成自己的「保鑣」才對。

像上述場合，如果妳是用佩服的態度表示：「我對這個話題很有興趣，我原本認為是這樣的，實際上是怎樣的呢？啊，原來如此。你好厲害喔！」或說：「你再多告訴我一些，拜託！」男性也會說：「如果還有其他我知道的，我再講給妳聽。」這樣一來，你們的對話就應該可以在愉快的心情繼續下去了。

越是有能力的男人，妳越不能跟他認真較勁。請注意，爭奪主導權是不應該面對面進行的。

擅長戀愛的女性，絕對不會跟男性爭誰比較強。擅長戀愛的女性，應該是擅長拜託別人做事、擅長交涉的。能夠控制男性的女性，絕對不會去當男性的「敵人」，應該要當他們的「最佳戰友」才對。

（4）妒火中燒的女人映在男性眼中只有醜陋

再也沒有什麼比「嫉妒的女人」更醜陋的了。窺見女性嫉妒的瞬間，男性的戀愛溫度就會急速下降。前女友、前妻、女性朋友、女同事……嫉妒自己以外的女性，那種姿態是很醜陋的。

在我安排過約會的女性當中，有人連星巴克坐在鄰桌、萍水相逢的女性都要嫉妒。

那位女性見一個嫉妒一個，不停在問：「我跟她，誰比較漂亮？」、「你剛才看那個人看呆了吧？」約會的男性覺得厭煩不已，甚至說出：「那樣的女人我再也不想見到她了。」

女性傾向於拿自己跟其他女性做比較，但是請將這句話好好刻在心上：跟別人比較的行為無非是降低自己的價值。

不管妳長得再怎麼美、再怎麼可愛，當妳對別的女性感到嫉妒時，妳的面相就會顯得猥瑣，讓男性覺得幻滅。然後他們就更會覺得星巴克鄰座的女性比較美了吧。

拿自己跟其他女性比較，無非是貶低自己的價值。有時間嫉妒別人，

不如將精力花在向對方展現自己的優點。

目前他交往的對象，是在眼前的妳，所以他的前女友或前妻再怎麼漂亮再怎麼完美，其實一點關係都沒有。

有一位男性，無法忘記病故的妻子，所以將照片或代表兩人回憶的紀念品都好好保存著。據說後來每一位他交往的女性，都很排斥，很嫉妒那位過世的妻子。

據說那位男性，已經做好心理準備「如果要再婚，就必須將妻子的照片和遺物處理掉吧」。

不過，有位女性卻問他：「為什麼在你家都看不到過世妻子的照片呢？她不是你曾經愛過、娶過的女性嗎？不是你人生中美好的回憶嗎？」

男性不敢相信自己的耳朵。「妳不排斥嗎？妳不會嫉妒我的前妻嗎？」

女性搖了搖頭。「這位女性已經是過去了。有這個過去，才有現在的你，我完全不介意啊。」

男性就此迷上這位女性，他打電話告訴我：「我會把她緊緊抓住，再也不放手。」兩人可喜可賀的步入結婚禮堂。

不管他過去跟怎樣的女性交往，現在他交往的對象只有妳一個，妳就是第一名，請在他面前展現落落大方的自信吧。

妳的自信將會讓妳比任何人都閃耀動人。

總結 了解男人的真心話

1 男人不欣賞妳的話，只要「59秒」就會關上心門。
2 男人對妳有意的話，會在「48小時內」跟妳聯絡。
3 男人要的是「雀躍感」；女人要的是「安定。」
4 別對男人展現「母性本能」。
5 所謂的男人，就是一種「自尊」和「自卑」互為表裡的生物。
6 對男人而言「自己的空間」是必要的。
7 對男人有「絕對不能做的四件事」。

第4章

「戀愛技巧」博士班課程

全世界的男性都最愛女性的「笑容」

在這一章裡面我想跟大家談談，當一個「讓男性追著跑的女人」具體的「戀愛技巧」。

常常遇到很多人對技巧這個詞顯露出厭惡的態度。如果覺得「戀愛技巧」這個說法太功利，不喜歡的話，我覺得也可以改成「戀愛禮儀」。

學習「戀愛禮儀」，既不是裝模作樣，也不是欺騙對方。做一個在路上遇到人可以愉快的說「你好」的人，跟在男女間能夠愉快進行心靈交流，是同樣的事情。

況且，比方說目標是進入哈佛大學，你就必須拚命讀書，想辦法提升自己達到進得了哈佛的水準。什麼努力都不做，是不可能順利達成目標的。

在這一章裡面我想傳達的「戀愛技巧」，是只要稍微留心，任何人都學得會的。差別只在於留心與否，僅僅如此。不過，僅僅如此，男性的反應就會大不相同。簡單，但是無敵。

首先，我最希望女性學會的「戀愛技巧」就是「笑容」。

最吸引男性的無疑就是「笑容」。沒有笑容的冰山美人，謎樣氣質也會打動男人的心，不過在那樣的狀態下，想持續長久的安定關係是很難的。如果妳想成為能和伴侶維持幸福關係的女性，絕不能忽略的就是「笑容」。

來參加相親活動的女性當中，有些人像是忘了怎麼笑似的，總是板著一張臉。也有不少人，就算我建議她們「笑容很重要喔」，她們一時之間也反應不過來。

笑容可以帶給妳和妳的伴侶幸福。從今天開始，請務必好好練習展現笑容。笑容是可以經由練習變得越來越有魅力的。不要想「刻意裝出來的笑臉我才不要」，改變觀念，把成為一個「有迷人笑容的女性」當作是一個禮儀、一種成長。

首先是「第一步」。對著鏡子，嘴角上提嫣然一笑，然後保持笑容數到10。每天多練習幾次，早晚刷牙的時候、在浴室洗手的時候，要抓住所有的機會，對著鏡中的自己微笑。

只要妳留心練習，笑容就會越來越成熟洗鍊、越來越迷人。就跟學習禮儀一樣，需要反覆練習。

當學會面露笑容之後，「第二步」就是練習對著別人微笑。不限於異性，老爺爺、老奶奶、小朋友、鄰居……視線對上的時候是一定的，要練習到即使不確定視線是否會交錯，還是能夠馬上嫣然一笑。

像這樣練到隨時都可以擺出微笑後，在偶然與人眼神相對時，自然妳就能夠展現笑容了。

「第三步」是，練習在任何時候都能展現笑容。我們有情緒好的時候、也有不好的時候、有的時候感覺悲傷、有時候會沮喪，有各種起伏變化。不過要訓練自己，不管在任何狀況下，當與人視線對上時，就能夠嫣然一笑。

任何男性都一樣，當有人對著自己嫣然一笑時，就會敞開心胸。不

僅如此，連那位女性對著自己以外的第三者露出的笑容，也會強烈的吸引他們。

為什麼呢？其實比起女性直接面對男性自身所展現的態度，男性更會仔細觀察她們對其他人的態度。男性可以馬上看穿那些只有在男性面前裝模作樣的女性。

女性無意間看別人的眼神，比方說公司的部下、幫自己打掃的人、送宅配來的人、星巴克坐鄰桌的人……對錯身而過的人展現出的態度，是很重要的。

妳面對別人時「不經意的表情」，他都看在眼裡

以前有過這樣的例子，首先舉的是不良示範。

有一位女性，長得非常可愛迷人，又滿面笑容，男方對她非常有好感。

兩個人在約會中，正當男性心中沸騰到最高點，心想「今天也好開

心」的時候，在他們隔壁桌來了帶著小孩的一家人。**小孩稍微有點吵，據說當看到她狠狠瞪小孩那冰冷的眼神時，他感到自己的熱度一口氣急速冷卻。**

不知道那是不是一種「終於看到本性了」的感覺，原本對跟她的交往非常積極的他，從那次之後，就拒絕了繼續跟她約會。

也有相反的例子，這是跟某位女性約會的男性的故事。

兩人在電梯裡面，從遠處有幾個孩子朝這邊跑來，她趕緊把電梯門按住，然後對著孩子們微笑。

然後，聽說她還笑咪咪問這幾個進了電梯的孩子：「你們幾歲？」

當時的狀況，一般而言，就算裝作沒發現，關上電梯門也無可厚非，不過她卻特意按住門，並且很自然的跟孩子們說話，這位男性告訴我，看到她的笑容，「在那一瞬間，我戀愛了。」

隨著年齡增長，就更應該以「迷人度」來決勝負

我常常想，隨著年齡增長，「迷人度」就越發重要。

年輕的時候，光憑年輕就等於有了相當的武器。不過年過三十以後，妳就必須不能單靠年輕，還要磨練自己的迷人度。

迷人（charming），在日本似乎被譯作「愛嬌」（譯註：「惹人疼愛」、「有魅力」之意），不過在美國大家說的迷人，意思又稍有不同。

對自己有自信、非常喜歡自己的女性。態度積極，有自己的夢想和目標的女性。能夠重視自己的時間和自己本身的女性。有「自我軸心」，能夠果敢下決心果敢行動的女性。有點調皮，而且有幽默感的女性。精力充沛，總是散播開朗氣息的人。在美國，我們會形容這樣的人「迷人」。

在美國說的迷人，正是一個匯集了所有令男性想要追求要素的集合體。

即使外貌那種明顯的美漸漸衰退，迷人度卻是可以靠自己無盡的磨練精進的。

練習馬上找出對方「三個」值得稱讚之處

所謂的男性，就是一種自尊和自卑背靠背，然後外面包覆了一層叫做「自我」的生物。如果有一位女性可以滿足一位男性的「自我」，男性就離不開那位女性了。

要滿足男性的「自我」，最便捷的方式，就是「讚美」。「讚美的能力」只要平時多加練習，就會像肌肉一樣，經由鍛鍊而變得擅長。

首先要練習見到人的時候，馬上可以找出「對方的三個優點」。

不管跟誰見面，都要在心裡記著「趕快找出三個、趕快找出三個」。如此一來，找出對方優點的感應器就會越來越發達，就像鍛鍊肌肉一樣。

然後，試著一找出優點就馬上說出口。要近乎條件反射的，迅速找出對方的三個優點，當場馬上說出來。

「今天的領帶很適合你耶。」、「好好看的帽子！是你自己選的嗎？」、「你身材好好喔，有在從事什麼運動嗎？」……

大家得到讚美都會覺得很開心，妳會發現自己的人際關係明顯變得更順利。

有一位五十五歲左右的女性經營者，憑著這個方法遇到了理想的男性。

在她的諮商中，我建議她「不管對方是怎樣的人，都要一瞬間找出他們的三個優點，然後開口讚美他們」。

一開始她的反應是「我講不出那種場面話，我做不出那種像是酒店公關在做的事。那些裝模作樣的態度，我不喜歡」。

於是我跟她說：「妳就當作被我騙這一次，試試看吧。如果妳不想對男性做，那要不要試試看練習讚美其他人，像是跟自己比較親的人、或是工作上遇到的人？」聽說由於我很熱心的建議她，所以她試著去讚美自己公司的員工。

結果立竿見影。一個月後，她打電話給我：「太厲害了。我聽從妳的建議，在工作上也找出員工的優點來讚美他們，結果我自己變得再也不討厭任何人了！員工也變得景仰我，在我們公司裡出現了良性循環呢。」

她在那之前，都是完全不靠技巧相親了幾次，結果都因為強勢的個性外顯，沒有得到好的結果。

不過她是一位坦率的女性，藉由我的建議，發現「讓人追著跑的女人」戀愛技巧的重要性，開始積極學習。結果她跟一位收入跟她相當的公司經營者相親，感情進展順利，現在已經快要訂婚了。

見到男性，一瞬間找出對方的三個優點，然後馬上讚美他，至少可以讓妳防止第一次見面的對象在「59秒」內關上心門的悲劇。只要對方沒有關上心門，就還有機會思考戰略，也可以引起對方對妳的關注。

在「直接」、「第三者」、「周遭」三個層面全方位稱讚

稱讚男性的方式又有三個層面。

第一個是「直接面對面讚美他」的方法。這個方法，只要鍛鍊好「一

見面馬上找出對方的三個優點來讚美」的反射神經，就可以做得到。

第二個是在他聽得見的地方「對著第三者稱讚他」的方法。在人前讚美他，對滿足他的自尊心有著絕佳的效果。在大家面前對他不遺餘力的讚美吧，說「他有這麼了不起的地方喔」，他一定會心情大好的。

然後第三個，則是**透過父母、公司的人或是認識的人等等，「對著他周遭的人誇他，然後輾轉讓這些話傳到他耳裡」的方法。這是非常高度的「讚美」技巧，效果也最佳。**

當周遭的人告訴他「之前她這樣讚美你喔」的時候，他無疑會對妳產生好感和關注。如果對方是已經在交往的對象，那麼他對妳的「戀愛溫度」就會瞬間大幅升高。

總之對於男方，不論直接還是間接，就是不能在讚美他這件事上有任何輕忽怠惰。請反覆訓練自己，這是可以讓人際關係一帆風順的至高禮儀。

道謝的時候有技巧的加入「個人情感」

讓我順帶再介紹一個從其他角度切入的「讚美技巧」吧。

讚美方式首先從「外表」，就自己所見來讚美是最簡單的。

「今天的服裝非常適合你，很好看」、「你的髮型真帥」，諸如此類的讚美方式。

習慣之後，可以開始讚美對方的「言談舉止」。

「謝謝你訂了這麼棒的餐廳」、「謝謝你剛才幫我點菜，真是太體貼了」，像這樣讚美對方的言談舉止，可以留下更深的印象。

更高段的讚美方式就是，在讚美當中「加入己身的感想和成長」。

「今天你提到的這個話題，真的很棒。我過去一直認為那樣，但是聽你說了之後，才恍然大悟。跟你在一起，我可以感覺到自己有大幅的成長。」

像這樣加入具體且個人的感想，男性也會很開心。

比方說，當他約妳吃晚餐的時候，比起「直接感謝晚餐」，傳達「今

天晚餐席間如何開心」更令人高興。像是這樣：

「謝謝你今天的晚餐，食物真的會因為一起吃的人不同，味道也不同呢。今天的晚餐對我而言是最美味的，我希望還有機會再吃到這麼美味的晚餐。」

不論想增進男女感情，或是加深人際關係，道謝和讚美都是不可或缺的。想要盡可能做得好、做得有效果，請務必試著在讚美時留心「個體的」和「具體的」，並且加入「自己的感想」，這也是我希望大家學會的一個讚美方式。

將能夠討妳歡心的方式輸入對方腦子裡

正如前述，「讚美」這件事在給男性套上「愛的項圈」時是很重要的，我再補充說明一下。

直接讚美男性時，最重要的是能「立刻讚美」。做到這一點，妳就能夠巧妙操縱男性。

這裡不能說太大聲，其實**就跟「教育小孩」是一樣的。也就是，當男性做到女性希望他做的事，就要馬上誇獎他。**

例如，他幫忙去倒垃圾回來，就要馬上讚美說：「哇，謝謝你幫我這個大忙。」幫忙訂了餐廳，就要馬上讚美說：「哇，謝謝，我太開心了。」

他一做，妳就誇。這樣反覆個十次左右，再鈍的男性也會記住做哪些事能讓妳開心。

男性這種生物，是用「自我」的皮包覆的、會走路的自尊和自卑的綜合體，因此，讚美可以刺激他們的自尊，進而滿足於「我取悅了她」的這個「自我」，然後就會精力充沛，感到「我想讓她更開心」。

而相反的，如果女性試圖用鬧情緒、鬧彆扭來傳達自己的要求，就會適得其反。這是「追著人跑的女人」常犯的錯誤。「你那樣做我也不會比較高興」、「反正你跟我交往也沒有很開心」，或許有人會散發這些負面的情緒，試圖引起男性的關注，但是這樣一來，他的自尊會受傷，引發自卑感，結果，他的「戀愛溫度」必然下降。

在妳覺得讚美對方很麻煩的時候，請妳想起下面這句話：

「讚美男性，不是為了男性，而是為了妳自己。為了讓對方追逐妳、達成妳的目標。」

妳不覺得，只要想到是為了妳自己好，誇誇對方不過是小事一樁嗎？

缺乏「讚美」的時候，男人會釋出「讚美我」的信號

男性最愛被讚美了，所以當讚美不足的時候，他們會發出「多讚美我一點！」的信號，請小心不要錯過了這個信號。

比如說，他們開始自誇的時候，這是很重要的訊號。

當男性開始說一些像是「我在這方面很不錯吧」之類的話時，就是他的「我想要妳讚美我」燈號開始閃動的證據。這種狀況意外的常見，請馬

上回應他吧。告訴他：「我也有同感，我覺得你真的很厲害！」

同時，**男性開始貶低自己的時候，也是一種「我想要妳讚美我」的信號**。

當他開始鬧彆扭說「反正我就是那麼不可靠」的時候，請立刻讚美他「怎麼會呢？在緊要關頭，我覺得沒有任何人比你更可靠了。最清楚這一點的就是我啊」，來滿足他的「自我」。

還有，當他舉出別人的例子「誰誰誰有時候會這樣子，不可以做這麼過分的事吧」，拿別人來跟自己做比較的時候，也是「我想要妳讚美我」的信號。

接收到這些訊號，不管在任何時候、再麻煩，一定要好好讚美他。讚美歌頌男性，滿足他們的「自我」，是「讓人追著跑的女人」必備的素養。

像在我家，燈泡壞了都是老公大人在負責換的。前幾天他換了燈泡後，問我「妳看，現在亮多了吧？」這也是「我想要妳讚美我」的信號。

我馬上用力誇獎他：「啊，真的耶！亮多了。謝謝你！這麼高的燈泡，要站在梯子上換，太恐怖了，我根本不敢換。你太厲害了，老公大人。你最棒了！」

你好厲害、你最棒了、我好尊敬你、你好有男子氣概……這樣讚美男性，他的開關馬上就會啟動，然後為了妳忙上忙下不辭勞苦。

定期且確實傳達三階段的「謝謝」

男性最愛討女性歡心，而對於他們這樣的行為，別忘了一定要用言語表達謝意。這樣他們就會更想取悅妳，為妳做更多的事。

重要的是，一定要說「謝謝」，確切的將感謝之意傳達給他。光放在心裡是不行的，沒有好好傳達給對方知道，就沒有意義。

親口說是最好的，另外還可以透過信件、簡訊、禮物、動作……什麼方式都好。妳傳達的謝意越強烈，男性就越會燃起想為妳做更多的意志。

謝謝雖然只有兩個字，但這句話的說法卻有「初級」、「中級」、「高級」三個階段。

初級是不管再怎麼小的事，只要對方為妳做了，就反射性的說「謝謝」。

幫忙倒垃圾的「謝謝」、幫忙提行李的「謝謝」、讓座位的「謝謝」。反射性的說「謝謝」，是初級篇一定要學會的基本戀愛技巧。

男性會希望實際感受到對方的謝意，所以在日常生活中請別吝嗇，要盡可能多將謝謝掛在嘴邊。

再來是中級。要在他為妳做了什麼的時候，好好的看著他的眼睛，面對面傳達「感謝」的心情。

「你總是幫忙做家務，真的幫了我很大的忙。謝謝。」、「謝謝你回來的時候還幫我去買東西，有你真好，謝謝。」最低限度，可以「一週有兩、三次」中級篇的「謝謝」。

而高級篇的「謝謝」，則是以「一個月一次」的頻率，鄭重表達感謝之意。

「當你為了我而〇〇的時候，我真的好高興。我能夠有你相伴，真是再幸福不過了。」請說一些連自己都覺得有點臉紅的話。

如果親口說太難為情，也可以用寫信的方式。總之一個月至少一次，好好傳達「你為了我做的這件事，我好高興」，這會變成確保勝利的追加得分。

前幾天，我也因為發生了很開心的事，首先就打電話給老公大人，用很開朗的心情，對他表達了我的謝意。

「會有這麼棒的事發生在我身上，都要感謝你一直在身邊支持我，所以得知這件事的時候，我第一個就想打電話跟你分享。你果然是全世界最棒的，我的幸福都是你帶給我的，於我而言你就是最棒的丈夫，我太幸福了，謝謝你！」

我極致的讚美詞，讓他得意洋洋，心情大好的對我說：「以後發生任何事，妳隨時儘管跟我說。」這樣的老公大人，當然逃不出我的如來佛掌囉。

明確的用態度表現出「開心的樣子」

所以，對男性表示感謝之意是很重要的。**可惜有不少姿色不錯、被男性當公主捧在掌心的女性，會因為謝意的表達不足招致失敗。**

有一位女性，年近四十，長得非常漂亮，可以想像她年輕的時候一定異性緣相當好。在夏威夷相親的時候，也有一長串男性給她打了很高的分數。

男士們為了博取她的注意，都帶她到高級餐廳，待她宛如公主。恐怕她從年輕的時候，就覺得男士們如此珍視她是理所當然的吧。

因此即使男士們為她做東做西，她也沒有表示任何謝意。發生了幾次之後，男士們就開始對她那「理所當然」的態度感到不快，所以關係都無

法持久。

更糟的是，她在分手的時候總是很不容易，無法好聚好散。因為男性多半會對她懷恨在心，認為「枉費我花了那麼多錢在她身上」、「枉費我為她付出那麼多」。

當我對她進行諮商時，發現她就是「感謝的心情」壓倒性的不足，於是我坦白的指出這一點。

我建議她，往後，要好好對男性表達感謝之情、欣喜之意，也不能每次都讓男性負擔所有的約會支出，五次當中至少要有一次表現「今天的咖啡請讓我請客」的誠意。

然後，她現在在跟一位會計事務所的經營者交往，也訂了婚，真是可喜可賀。

每一位男性都有「想要帶給女性幸福」的保護本能，能夠激發這種本能的，就是女性感謝的心情。藉由表達「跟你在一起很幸福」、「是你為我帶來幸福的」、「我是最快樂的女人」的感謝心情，男性想保護女性的

能源就會油然而生、源源不絕。

認為「沒有男人值得我尊敬」的女人，無法得到男人的尊敬

努力實踐展現笑容、讚美、感謝這些「戀愛技巧」，男性的自尊就會被激起，「自我」獲得滿足。最能夠滿足男性「自我」的，就是來自女性的「尊敬」。

很常聽見一些工作有成的女性發牢騷：「沒有一個男人是讓我感到尊敬的」或是「為什麼我總是遇不到好男人？」

如果妳問我理由，或許這樣說很不客氣，不過，主張「沒有可以尊敬的男人」的女性，其實「也沒有受到男性的尊敬」，所以她們不會得到男性的青睞。

男性的自尊心，要靠女性的尊敬來激發，然後他們就會湧出最強烈的能源，急速成長。

反之，不尊敬男性的女性，是無法讓男性成長的，也就是，無法「幫夫」。

優秀的男性，會選擇能「幫夫」的女性，因此，無法尊敬男性的女性，從一開始就不在男性的選擇對象範圍內吧。沒錯，「條件好的男人」只會選擇「條件好的女人」。

不過，沒關係。

任何人，只要妳用心找，絕對能夠發現值得尊敬的地方。「尊敬感應器」是能夠磨練出來的。

要達到這個目的，首先自己必須開始謙虛。一開始，請試著刻意意識這件事，讓自己秉持謙虛的心態，努力找出對方「值得尊敬的部分」。只要這樣做，當妳漸漸成長後，不必刻意尋找，那些值得尊敬的地方也會自動映入妳的眼簾。

然後，當妳發現「他在這方面很了不起」、「這點很值得尊敬」的時候，就要馬上讚美他、感謝他。要用態度表示，如此一來，男性就會覺得很高興，並且更加努力，然後出現更多值得尊敬的地方，進入良性循環。

在全世界許多人反覆閱讀的聖經裡，也寫道：「丈夫當愛妻子，妻子當尊敬丈夫。」從亞當夏娃的時代，就註定了男性的使命就是去「愛」女性，而女性的使命就是去「尊敬」男性。

也就是，無法「尊敬」男性的人，就無法從男性身上得到「愛」。無法「尊敬」男性的女性，是沒有資格得到「愛」的。

對於男性的愛，女性不是用「愛」回報，而是用「尊敬」來回報。

總結 成為「讓人追著跑的女人」的具體技巧

1 〔笑容〕首先笑容最重要。

2 〔迷人度〕年紀越大越不能忘記迷人度。

3 〔讚美〕最少找出三個優點。

4 〔感謝〕好好表達感謝的心情。

5 〔尊敬〕找出男性值得尊敬的地方。

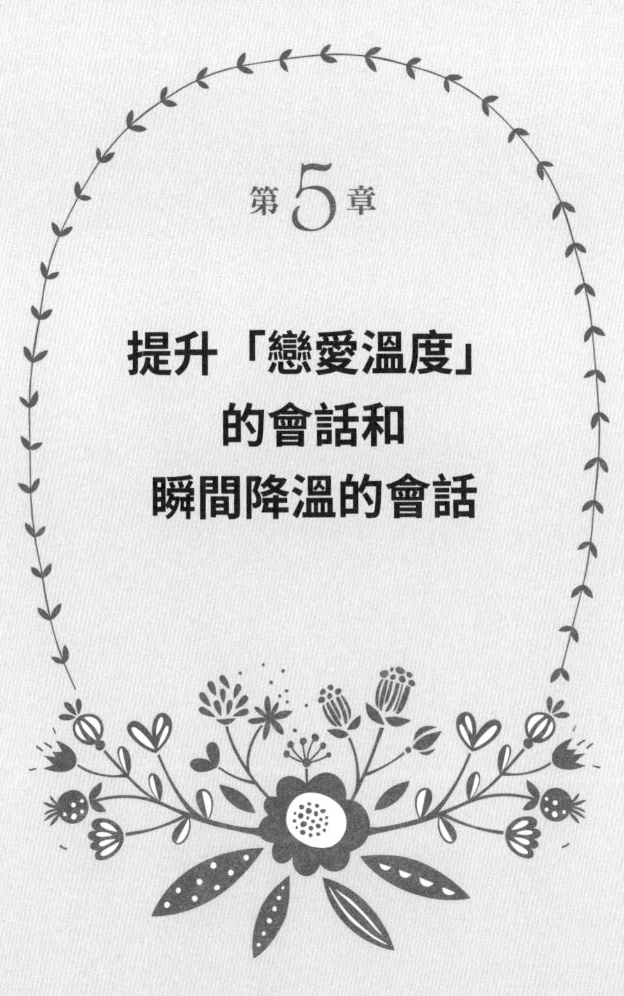

第 5 章

提升「戀愛溫度」的會話和瞬間降溫的會話

交往初期「絕對不能說」的四句話

不管在約會中還是用餐時，我們都是透過「對話」來漸漸了解對方。在對話中喜歡上一個人，因為對話而想要再跟對方見面。

對話就是扮演了這麼重要的角色，可是卻有一些女性會不斷說出「剛開始約會的時候絕對不能說」的台詞，有些話是能夠一口氣讓男性的「戀愛溫度」急速下降的。

在這一章裡面，我要跟大家談談幫助男女順利交往的「對話技巧」。它的效果非常驚人，請大家務必實踐看看。

首先，在交往當中，特別是交往初期，有一些話是「絕對不能說」的。拿這些話來問男性，他們的熱情就會像被澆了冷水似的一口氣冷卻。這些話就是：

◆「你覺得我怎麼樣？」

◆「你喜歡我嗎？」

◆「我們現在算是在交往吧？」

◆「未來的事你是怎麼想的？」

這四個問題，是「追著人跑的女性」為了消除不安、得到未來保證一定會用到的四句話。

特別是發生肉體關係後，會忍不住吐出這樣的台詞，這是「追著人跑的女人」悲哀的天性。男性被問了這些問題，「戀愛溫度」一定會下降。每問一句，戀愛溫度就會降十度，四句都問就會下降四十度，最後降到沒剩下多少溫度，或者沒搞好，就降到負數（也就是討厭）去了。

為什麼會問這些問題呢？理由只有一個，就是「不安」。問這樣的問題，想聽到男性的回答，是因為自己很不安。那又為什麼會不安呢？因為沒自信。為什麼會沒自信呢？因為感受到自己的戀愛溫度高於對方，而男性對於「沒有自信的女性」是感受不到絲毫魅力的。

所以，妳的當務之急，不是為了消除自己的不安去問一些無聊的問題（畢竟，不管對方怎麼回答，也無法消除妳的不安），而是將焦點放在怎麼做才能提升男性的「戀愛溫度」才對。

不這樣做，妳不安的根源是無法消除的，就會不斷重複問這些問題。而就算每次從男性那邊聽到自己想聽的，消除了不安，根本的問題依舊沒有解決，所以得到的只不過是一時的慰藉，而次數多了，男性也會開始厭煩吧。

而假設無法得到自己想要的回答，更是一場悲劇。更多的不安、擔憂、焦慮、悲傷，最後轉化成憤怒，接下來只有步上毀滅一途。

別問「為消除己身不安」的問題

「讓人追著跑的女人」絕對不會問前述的那些問題。她們有一種「只不過是跟你上了床，這樣就認為我是你的，那你未免錯得太離譜」的強勢態度，不安的反而會是男方。

我再重複一次，別問「為消除己身不安的問題」。應該做的是，拿出自信，從內心享受和他在一起的時光。當兩個人在一起能夠享受當下時，男性自然就容易描繪出兩人未來的景象了。

再補充一點，這個「四大ＮＧ問題」的衍生版本還有這樣的台詞，就是：

◆「你現在有交往對象嗎？」

這是女性不能問男性的問題當中最愚蠢的問題。

為什麼呢？因為這是個不管答案是ＹＥＳ還是ＮＯ，都只會更加激起女性不安的問題，也就是，問了也毫無意義的問題。

重要的是，目前跟他度過兩人時光的是妳的這個事實。百分之百享受這個時光、讓它成為令人滿足的時刻才是妳的使命。妳自己很愉快，同時也滿足他的自尊，把此刻變成雙方都能「慶幸遇到對方」的時光，這才是最重要的。

還有，特別是在第一次約會（第一次兩人單獨見面的時候）有「絕對不能當作話題的五個教條」，我總是在這件事上千叮萬囑。

這五個教條就是「負面話題」、「錢財」、「結婚」、「過去交往的異性」、「現在進行式的戀愛或相親」。

請記住，妳只要提到相關的任何一句話，對方的心就會在一瞬間離妳而去。

別丟給對方「只有一個選項」的問題

沒有自信的女性還有一種常見的行為，就是會提出「選項只有一個的問題」。比方說：

◆「我已經不是很年輕了，你無所謂嗎？你不會喜歡更年輕的對象嗎？」

◆「我比較有肉，你應該比較喜歡苗條的人吧？」

◆「我今天穿這件衣服可以嗎？看起來不會怪怪的嗎？」

像這樣的問題，男性只有「一種答案」可以選擇。妳問他：「我已經不是很年輕了，你無所謂嗎？」他當著妳的面怎麼可能會說：「有所謂，年輕一點的比較好。」他當然只好說：「妳很好呀，很年輕啊。」

妳問他：「苗條的人比較好吧？」他也很難開口說：「對呀，瘦一點的更好。」

妳問他：「這件衣服OK嗎？」他總不能回答妳：「完全跟妳不搭，妳去把它換下來吧。」他只好說：「很好看啊，很適合妳」，不是嗎？

結果這些問題，全都讓男方「只能回答女方想聽的那個答案」。因為女方沒有自信，不自覺的盡是挑這類型問題來問。

而男方會感受到女方的沒有自信，感到幻滅。特別是西方的男性，很不喜歡這種討拍性質的問題。

用貶低自己的方式，來逼迫對方說：「沒這回事。」這種提問方式，是最讓對方幻滅的。我甚至聽過有男性表示，會問這種問題的女性是「最令人頭痛的女人」。

跟男性說話時，絕對不能貶低自己。請想像這個舉動的嚴重性，不是一張黃牌，而是兩張。

「讓人追著跑的女人」不會對男性提出這樣的問題。對於自己穿的衣服，她會問：「我好愛這件衣服，所以今天穿來跟你共度快樂的約會，好看吧？」

而男方覺得「好看」或「不好看」，她根本就不在乎。她有一個明確的自我軸心：「我今天就是要穿自己喜歡的這件衣服出門。管誰怎麼說，我就是喜歡這件衣服。」男性也只好配合她的步調。

受歡迎的女性談話時會去察覺「對方想要的答案」

懂得戀愛技巧的女性，都很懂得如何跟男性交談。如果從旁觀察，不難看出她們會察覺男性想聽到答案，然後回答他們期待的那個答案。

比方說，跟年紀較大的男性約會時，對方當然會介意年齡問題，她們就會這樣說：

「我不太在乎年齡。有些人年紀很輕外表卻像大叔，也有些人年紀大看起來卻朝氣蓬勃，不是嗎？而且我最近開始覺得年紀大一點的人比較寬容，或許比較適合我。」

她們會像這樣，說話的時候巧妙的加入對方想聽的答案。

相反的，在跟年輕人約會的時候，她們也能夠配合對方，做彈性調整：「我覺得我可能還是適合跟自己年齡相近的年輕人。因為這樣比較談得來，而且可以一起成長。」

跟男方交往時日尚淺的時候，請記住，回答對方想要的答案才是正確答案。

或許有人會覺得：「我不喜歡那種心口不一的說話方式。」不過妳可以試著換一個角度想，男女交往初期，就好像求職的面試一樣。妳是面試主管，而男方是來應徵工作，接受面試的人。

想要選出好的人才，面試主管必須盡可能問出對方的所有優點和能力。這時候，如果妳說：「我們公司的年齡限制到三十五歲喔。」這時假使有一位三十六歲非常優秀的人來應徵，他也只好想：「原來這裡只要三十五歲以下的人啊！」那他有可能沒有主張自己的能力及專業技巧就離開了。

這時候，妳就失去了一位非常好的人才。因此，一開始要廣開大門，告訴大家：「我們公司不拘年齡、學歷、經驗。只要是優秀人才，任何人都能錄取。」這樣一來，對方才會不斷介紹自己的長處。而我們再從當中，經過第二次面試、第三次面試、第四次面試，慢慢選出喜歡的人就好了。

當然，我們也必須讓對方喜歡我們的公司，所以在一次一次的面試過程中，也別忘了強調「我們公司是這麼有魅力的喔」。

總之請妳這樣想：在交往初期，說話時配合對方，回答對方想聽到的答案，這是為了僱用到最佳人才的一種面試主管技巧。

對方問妳「什麼時候方便？」的時候，不能回答「隨時都方便」

要跟對方去約會的時候，對方問妳「什麼時候方便？」很多女性多半會回答「什麼時候都可以」或是「交給你來決定就好」，這是最糟的答案。

在剛認識的時候，男方為了追求妳，處於一種竭盡所能的狀態，追在妳後面跑，想盡辦法要得到妳，所以他會展現自己最好的一面。

在這種情況下，妳如果說「隨時都可以」或是「你決定就好」，那他就會覺得「喔，那差不多就好了吧」，然後就隨便安排。

對方問妳「什麼時候？」請妳盡量回答如「星期二下午一點」這種明確單一的答案。

我當初和老公大人第一次約會的時候也是，他在電話中問：「我們找一天一起吃個飯吧？如何？」我就回答他：「下週二晚上七點的話我就有空。」

我當時覺得，如果那天他不行的話，我就要拒絕這次約會。他應該也感受到這個氣氛了吧，馬上就說：「ＯＫ。」

後來我才知道，他工作很忙，原本平日是絕對不會在外面吃飯的。不過當他希望得到女性青睞時，就會在自己的原則上讓步，拚命配合女方。

一開始的時候，妳必須讓男性為妳做到這個地步。

絕對不要期待男人「自動察覺、自動為妳做些什麼」

順帶一提，約會「關鍵在第一次」，妳要在這個時候就明確表達自己的意志。

以我自己為例，在第一次約會中他問我「妳從事什麼工作？」這是個很理所當然的提問。

不過我在這個時間點，還不想讓他知道我是相親媒合公司的經營者，因為我不想讓他緊張戒備。所以，我直接告訴他：「我不太喜歡被問到工作的事，因為約會是屬於私人時間，對嗎？在休息的時候我不太想談公事。」

他的反應是配合我，說：「沒錯，我也不想談公事。」剛認識的男性，為了得到女性的芳心，是非常拚命的。結果老公大人有好一陣子都不知道我在做什麼工作。

還有，我明白告訴他：「我討厭不守時的人，我覺得這樣的人在生活所有事情上也都是鬆散的。」所以他來接我的時候總是很準時。

偶爾遇到工作或塞車導致快要遲到的時候，即使我不說，他也會自動打電話來告訴我：「我現在在哪裡哪裡，我想再多少分鐘左右就會到了。」這也是因為我從一開始就講清楚「我討厭不守時的人」。

在男方想獲得女性芳心的時候，我們怎麼可以不好好利用這股「衝勁」呢。記得好好用言語來告訴對方：「如果你為我做這件事，我就會欣賞你喔」。

許多女性的觀念是「希望男方自動從氣氛察覺」，心裡期待「他會不會為我做這件事呢？」、「如果他這樣做我會很高興的」，男方卻未必會照做。

結果，女方就開始胡思亂想：「為什麼他不了解我？」、「他是不是其實根本不在乎我？」然後越來越不安，不知不覺變成「追著人跑的女人」。

其實，妳應該要從一開始就說清楚自己的需求。必須預先播下「你這樣做，我會很開心」的種子。

男方在這個階段是想討女方歡心的，所以他會拚命想辦法達成。女方應該在他做到的時候，馬上給予獎賞，就是馬上讚美他。

「你真的每次來接我都好準時喔，這就是我期待的對象，你真棒」、「你待我像個公主，真的讓我覺得好幸福」、「謝謝你每次都送我好棒的禮物，我好開心」，要像這樣讚美他。這樣一來，他就會做更多妳希望他做的事。

這就是「讓人追著跑的女人」的談話方式。

被問到過去的交往經驗，要把話題轉到「未來」

在約會當中，早晚會被問到的就是「妳交過幾個男朋友？」大家都對這個問題很煩惱。

有人會說「秘密」，也有人會坦白回答交往人數。應該也會有人裝傻說「我忘了」吧，而我建議的回答方式是這樣的。

首先，重複他的問題。

他問妳：「妳交過幾個男朋友？」妳就像鸚鵡學舌一樣，反問：「你是問我目前為止交過幾個男朋友嗎？」這時，對方會覺得妳的確接收到他的問題了。

接下來，妳就換個角度回答。

「我現在三十五歲耶，如果從來都沒有跟任何人交往過，你不會覺得不舒服嗎？你自己應該也是，在過去跟幾個人交往過吧？如果你說完全沒有，這樣講可能有點失禮，我可能會對你產生戒心。

「不管你或我，我們都是經歷過一些事，才有今天吧。我們都在追求人生最後一位伴侶，所以此刻才在跟對方約會，不是嗎？或許我們能成為彼此的最後一位愛人喔，我覺得這個話題更有趣啊。」

要像這樣，把話題轉到「未來」上面。這樣做，男方就不好再讓話題回到妳過去的男人上面了。

我自己也是，在離婚後，常常有男性問我「妳是怎麼認識前夫的？」這時候，我就會開玩笑說：「我往海裡垂釣，他就被我釣上來了。」然後轉換話題說：「別管我前夫的事了，我比較想聽聽你的嗜好。」

正確答案是：「比起過去，我更想了解你。」積極將話題轉向未來。過去男人的事，盡可能不要提，我覺得即使妳跟對方結婚了，還是不需要回答。

過去是過去，知道過去的事，也不會在腦海裡留下什麼正面的事。有些事不知道比較好，彼此都應該分清楚，經歷了過去，才能和現在美好的對象相遇，把話題帶向未來才是聰明的。

講自己的事，講到「三成」為止

在初識階段，男性會很不安，覺得「不知道這位女性覺得我怎麼樣」、「我實在不想去約她被拒絕，該怎麼辦呢？」

為了要讓這樣的男性來追自己，重要的是讓他覺得「這個人對我好像有興趣，說不定我有機會」。

只要男方可以覺得「雖然不知道她喜不喜歡我，至少她對我表示有興趣，約會的時候似乎也很開心，所以我應該可以再約她」，他就會懷著自信開始追求女性，對女方而言，埋下這樣的種子是很重要的。

不過，女方要注意的是，不能因為希望對方了解自己，就不斷的講自己的事情，這樣男方會很掃興。男性是一種喜歡由自己掌握主導權，讓別人圍著他吹捧迎合的生物。

女方的目的不在於讓對方了解自己，而是讓男方來追求自己，所以請將妳的全力集中在後者的播種上吧。

首先重要的是，不要「自己講話」，而要盡量「聽對方說話」。自己說話只要占兩、三成就夠了。留下七、八成讓對方講話，這樣剛剛好。

而對於對方說的，必須顯出好奇心：「你說的那件事，我有興趣。我想了解那個領域的事情。」必須讓對方越說越多。

不要當個「好講者」，當個「好聽眾」。而且不能只是聽，要誘導男性，讓他們容易繼續說下去，當個「好的話題誘導者」。

光是「喔――」、「原來如此」的回應，只能算是「好聽眾」。「好的話題誘導者」應該要穿插適切的問題，促使他們說下去，像是「後來呢？後來會怎樣？」、「啊，原來如此，那如果是這種情況呢？」、「原來是那個意思啊？太厲害了。那這個又是什麼意思呢？」

目標既不是「好講者」也不是「好聽眾」，應該是「好的話題誘導者」。

有自己專業領域的女性，或許有時會碰上男方話題很無聊的狀況，但不可以把那種態度表現出來。基本上可以採取一種姿態，就是比起炫耀自己，不如藉由從對方那邊吸收新知，來增長自己的見聞，這樣想，應該就好多了。

如何說話，才能讓他再約妳？

先像上述方式，誘導男方侃侃而談，然後在分手的時候，不著痕跡的進行讓男性方便再約妳的「播種」行動。

比方說，跟男方聊到健行聊得很愉快，妳就表現出非常開心的樣子，說：「聽你一說，我突然好想去健行喔，你以後要再講給我聽喔。」

「今天真的謝謝你，我很開心。下次還有機會，希望你再約我。」像這種中規中矩的標準說詞，對方可能會當作應酬話，而不再約妳。

不過，要是妳說：「健行的話題聊得真開心，下次你要不要跟我一起去健行？」又太直接，變成了「追著人跑的女人」。

由於男性有追逐的本能，所以妳可以若無其事的說一句：「我突然好想去健行」然後就煞車。

總之，妳只要強調「我聽得很開心，你說的話有許多引起我興趣的部分，我還想再聽你說」，男性就會覺得「是我讓她開心的」，「自我」一旦感到滿足，應該就會再邀約妳。

巧妙的互吐「熱空氣」

開始交往後，意外重要的是在第一章也提到過的「熱空氣」。只要能巧妙的互吐熱空氣，就能夠建立最理想的關係，實際上這是很愉快的一件事。

我也有過這樣的經驗，和我們家老公大人共度的第一個夜晚，他問我：「我讓妳滿足了嗎？」

我回答：「當然啊，你是第一名呢。」其實，只要這樣說，大部分的男性都會很高興，唯一一位沒有表示高興的，就是我們家老公大人。

聽到我說：「妳到目前這句台詞說過幾遍了？」聽到他這樣說，我心想：「這傢伙是個能燃起對方鬥志的男人。」因為他用「熱空氣」來答覆我的「熱空氣」。

於是我也不認輸，這樣回答他：「你在說什麼？我是說，包括過去所有我這樣說過的男人在內，你是第一名耶。」

聽到我的回答，老公大人哈哈大笑。「我覺得妳真的是太棒了」、「我也覺得你真的是太棒了」，我們兩個一來一往、熱絡不已。

對拿來回覆熱空氣的熱空氣，再以熱空氣回覆，因為我們總是如此，所以老公大人和我隨時都處於熱戀狀態中。我們每天都為了送出讓對方更開心的熱空氣，不斷的鍛鍊自己。

別說「為什麼不幫我做」，改說「可以幫我一下嗎？」

交往時日一長，有時候會無法好好表達自己的希望，引發爭執。這時

候我總會提出這樣的建議：

例如**希望男朋友或丈夫做家事的時候，不可以充滿非難的口吻，像是「為什麼你都不幫我做！」**、**「你明明就知道我很辛苦，不是嗎？」**要輕描淡寫的叫他：「嘿，可不可以幫我一下下？」如果他說「我在忙」而拒絕妳，妳要馬上說：「ＯＫ」，就此放棄。

這種時候，最重要的就是「不要抱怨」。

然後，下一次，再用別的說法，像是「不好意思，你替我做這件事會對我很有幫助」來拜託他看看。只要他幫了任何一點點忙，就要很誇張的讚揚他：「謝謝！你真的幫了我好大的忙！」然後再補上臨門一腳，在人前極力表揚他：「他呀，之前幫我做這個，我真的好感激他啊。」

就像這樣，不斷嘗試、只要他幫忙了，即使只有一點點也要讚美他，這樣反覆幾次，他就會變得樂意幫忙。

重點在於，不論再怎麼小的事，只要他幫忙，就要好好傳達「謝謝！」、「我好高興喔！」、「你真的幫了大忙。」然後他就會漸漸進入

「可以讓她開心，所以我願意做」、「可以得到讚美，所以我願意做」的模式。

我認為，要當一個善於求助的人，訣竅就在於不要客氣，直接說說看「拜託你」。然後在男性幫助我們之後，竭盡所能表現出感謝的心情。必須滿足男性的「自我」，讓他們有自信「我做好她拜託的事，我成功取悅她了」。

雖然不是伊索寓言的〈北風與太陽〉，不過，想要男性幫我們做什麼，不能用威脅、命令、非難的方式。最好的方法，就是對男性撒嬌說「拜託～」

原本男性就非常喜歡女性依靠他們，所以一句「拜託」，就可以帶動他們想為對方解決問題的情緒。不要錯過那個時機，此時就要盡量誇大表現妳的感激之情。然後男性就會幾乎毫無例外的為了女性而努力。

我覺得大家可以再多拜託男性、多請他們幫忙。

有效緩和激烈爭執的「魔法台詞」

不過，一旦起爭執，難免以牙還牙、以眼還眼，情緒一發不可收拾。有時候爭執的開端只是一件小事，最後關係卻惡化到無法修復的地步。

發生了爭執，最重要的是趁火種還小的時候好好解決。

當男女間開始吵架，或是對對方產生不滿，請妳暫停對對方抱怨或非難，冷靜下來這樣說：

◆「我很重視跟你之間的關係，我希望往後能建立更好的關係，所以你可以聽我說嗎？」

只要妳這樣平靜的對他說，九成九的男性會聽妳說。

這是能讓對方聽聽自己意見的一句「魔法台詞」，再怎麼熾熱的爭執都能發揮效果。同事們聽了我的話都回家試過，每個人都讚不絕口的說：「太厲害了！只要我這樣說，對方真的就會聽我說。」

我們家老公大人，也是平常都不聽人講話的，可是當我這樣說的時候，他不管再忙，也一定會聽我說。

就連他手上有放不下的事時，他也會問我：「現在手上的事處理好我就會聽妳說，可以等到那個時候嗎？」只要我回答：「當然可以，那你OK的時候告訴我一聲。」沒多久他一定會來問我：「怎麼了？」

大部分的女性在對男性表達不滿的時候，都會散發出濃濃的「責怪氣氛」。

而男性就會覺得「又要抱怨了」、「都要怪我嗎？」、「一定又要責備我了吧」，然後反射性的關上耳朵。

這時候如果妳還繼續責備，男性也會豁出去，這樣一來，爭執只有更加惡化的份。

為了防止這樣的結果，首先有必要讓對方感受到「我不是要對你抱怨」、「我不是在責怪你」。

只要妳說：「我希望和你的關係能夠變得比現在更好，我可以說

嗎？」男性就會知道「啊，原來並不是要抱怨」而感到放心，變得能夠聽得進對方說的話。

想修復兩人之間惡化的關係，要這樣說話

在男方準備好聽妳說話時，請避免情緒化，要盡量冷靜的提出妳的話題。這時，重要的是表達了自己的希求之後，一定也要問對方的。

「我不是完美的，你也不是。我不喜歡你這種地方，希望你可以改一下。你有沒有希望我改的地方？一定只是我沒注意到，如果有，請告訴我。」

關鍵在於**「說完自己的希求，一定也要問對方的」**。

如果妳提出三點，那就也請對方說三點。即使妳覺得「我實在不想聽啊」，如果妳希望對方聽妳的，妳就必須也聽對方的。

每個人都有不同的價值觀、心智、行為模式，對妳而言不足掛齒的小

事，對另一個人而言卻可能是足以左右人生的重大事件。想要維持彼此的關係，在相異之處就必須互相讓步。

我認識一個人，看到廁所的衛生紙放反了會不舒服到想吐。

後來聽說他們夫妻藉著溝通解決了問題，這也是一個例子，告訴我們，就算是自己毫不在乎的事，只要對方覺得很重要，就應該要尊重他。

別忘了捧對方一下：「我是這樣想的，你的看法呢？原來如此。那在這種情況下我是不是這樣做比較好呢？那我懂了，我覺得你的點子非常棒……」最後再做個總結：「謝謝你今天聽我說這麼多。」

溝通的最後用「感謝」收尾是很重要的。如此一來，男性最後必然能獲得讚美和感謝，他們就會對溝通變得積極。

現在回想起來，我在第一段婚姻中，一直在責怪對方，沒有辦法好好溝通，現在的我，就能夠了解對方的心情了。對方遭到責備，會鬧情緒認為：「反正我就是無法讓妳幸福」，然後就豁出去了。

我幸虧在工作上親耳聽了十萬男女的心聲，現在非常了解男性的心理。如果妳一路讀到這裡，我想妳一定也變得跟我一樣了解。

只要了解男性這種生物的特徵，並且善加活用，最後男性和女性都能得到幸福。

所謂的愛，就是互相給予、相互成長，並且追求兩個人的幸福。為了抓住屬於女性的幸福，請妳學會名為戀愛技巧的智慧，用一次又一次歡樂的對話來培育和他之間幸福的愛吧。

總結 「讓人追著跑的女人」的會話技巧

1 有些話不可以對男人說。

2 不可以因為不安而問問題。

3 不可以逼對方回答自己想聽的答案。

4 被問到過去的戀愛經驗也不可以回答。

5 當個好提問者更勝於當個好聽眾。

6 溝通後勿忘讚美與感謝。

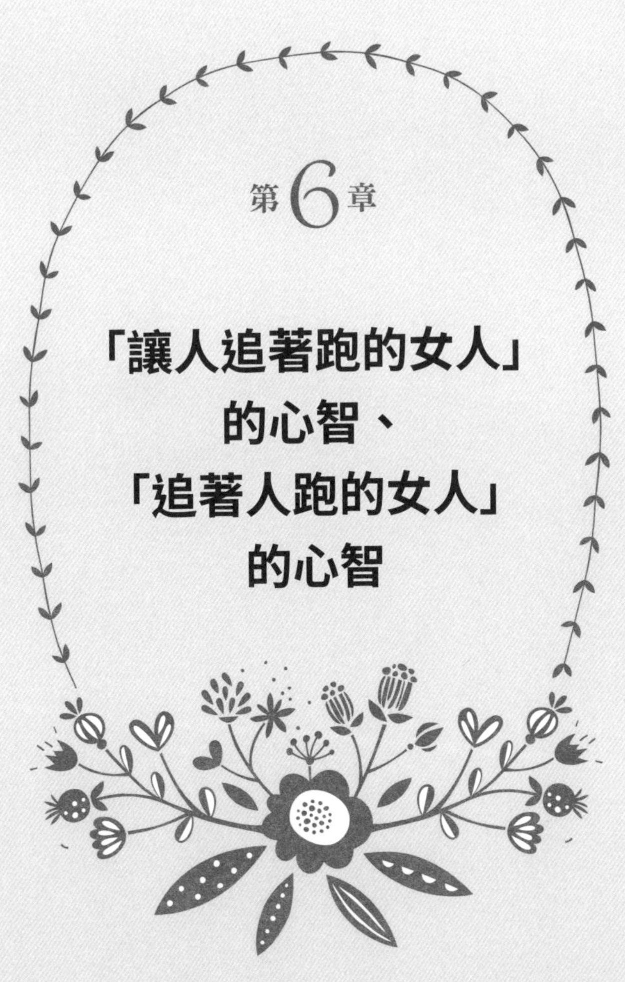

第6章

「讓人追著跑的女人」的心智、「追著人跑的女人」的心智

用「矯正石膏」重新設定妳的心智

想要一輩子受男性珍視，獲得「幸福的人生」，關鍵是不能當「追著人跑的女人」，要當「讓人追著跑的女人」。因為，那才是讓對方一輩子都會開開心心回到妳身邊的「愛的項圈」。

如果妳已經當了十幾年，或是幾十年「追著人跑的女人」、「好利用的女人」、「備胎女」、「抱大腿的女人」、「依賴心重的女人」、「會被拋棄的女人」，一時之間是無法變成「讓人追著跑的女人」的。

首先，必須要「矯正」自己那個被染成「追著人跑的女人」的心智，重新設定為「讓人追著跑的女人」。我稱之為「矯正石膏」，這個「心智設定」是很重要的。

疏忽了這一點，那麼，就算學再多第四、五章的「戀愛技巧」，也只是表面工夫，無法真正變成「讓人追著跑的女人」。就算一時成功，也無法維持安定持久的幸福關係。

我遇過很多和男性交往的經驗很少，既沒有戀愛技巧也不懂男性心理，加上既沒研究也沒準備就來的女性，也就是只有「戀愛偏差值30」（譯註：日本習慣用偏差值高低來評量學生的成績表現，偏差值越高，代表成績越好）**左右的女性，卻希望跟「戀愛偏差值70」左右的優秀男性交往。**

有位這樣的她開出的條件是：「大老遠來到夏威夷，我想見見年收入一千萬日幣的這位男士。」我們遵照她的希望，替她安排配對，男方的回應只有抱怨。

於是女方就開始著急，提出需求：「我希望一定要在留在夏威夷這段期間內開花結果。」我們考量到「戀愛偏差值」，介紹別的男士給她，她又會生氣：「為什麼介紹那麼不起眼的男性給我？」最後跟兩邊都無法有結果。說起來不好聽，不過她根本的問題，就在於「戀愛偏差值」太低。

我常常告訴女性：

「妳可以在考高中的時候、考大學的時候失敗，也可以在工作筆試面試中表現得慘兮兮，不過我希望妳可以在選擇伴侶上做一百倍的努力，提升妳的戀愛偏差值。結婚關係到妳的人生，所以，在最後妳需要付出一百倍努力的，就是婚姻大事。」

或許妳會覺得很誇張，不過「選擇伴侶對人生的影響就是如此深遠」。人生會因結婚對象大大不同，這也是為什麼重要的不是放寬「希望條件」，而是提升自己。我在二十年以上的經驗當中領悟到的是，提升「戀愛偏差值」是通往婚姻的最短捷徑。

別擔心，「戀愛偏差值」是絕對可以提升的。

冷靜測量自己的「戀愛偏差值」

在「Matchmaking Hawaii」，一開始我們會讓客人接受「自我分析測驗」。這個測驗會分析價值觀、心智和行為模式。原本，在現實婚姻生活中，最重要的就是這三點是否彼此適合。價值觀、心智和行為模式彼此相近的人，較容易建立伴侶關係，配對的時候，我們會拿來參考。

同時，還會用我發明的「戀愛偏差值測定工具」來計算會員的「戀愛偏差值」。

這是一種用獨特的方法分析尋找結婚伴侶時必要的五項要素，判定戀愛能力程度的正式工具。會員做的時候都會引起熱烈反應，評價相當高。

我們會參考測定結果，並且明確問出會員「想要的是怎樣的人生」這個目標，然後進行諮商。這時候，也能掌握會員的優缺點，如果是戀愛偏差值較低的女性，就會針對她在哪些方面應該怎麼改進，提出具體建議。

這樣做的目的為何呢？就是為了「掌握現狀」。

有一位日本女性，五十多歲，事業非常成功。她提出的條件是：「我自己的年收入是一千五百萬日幣，所以想認識年收入跟我差不多的男性。」

不過，這位女性的「戀愛偏差值」並不高。首先，她無法好好跟男性對話，人家問她什麼，她只會「嗯……」、「呃……」低下頭說不出話來。

這樣下去，不管介紹怎樣的男性給她，都無法進展到交往的那一步。

所以我請她參加我主持的「戀愛講座」，從頭開始學習戀愛技巧。她原本就是工作能力很強的女性，當她開始在「自我磨練課程」中學習戀愛技巧後，馬上就抓到訣竅了。

眼看著她產生了很大的變化，馬上就知道如何跟男性愉快交談，也變得能夠很自然的讚美男性，同時也學會了好好表達自己的意見。

結果，她現在找到一位在工作話題上也非常合拍，同為公司經營者的男性，兩人彼此情投意合。

妳希望對方愛上「妳的原貌」嗎？

想得到理想的伴侶、得到幸福，藉由學習和準備來提高自己的「戀愛技巧」是絕對的條件。理想越高，就越需要高戀愛偏差值，這需要許多學習和準備。

不過當我這樣說，一定會有女性這樣回答：「我覺得使用戀愛技巧是不公平的。我希望找到的，不是愛上裝模作樣的我，而是『喜歡我的原

貌』的人。」

這時候我會這樣說：「『妳的原貌』是什麼？嬰兒時期，妳應該是用手抓飯吃、不高興了就哭鬧、而且還會搶別人玩具，對吧？那才是『妳的原貌』。但是這樣做的話，妳會討人厭，也無法在社會中生存下去，更無法跟大家融洽相處，就是知道了這一點，妳才一點一點的修正了自己，不是嗎？」

在路上遇到認識的人，點頭說「你好」；收到別人送的東西，好好的說「謝謝」致意……這些都是父母教妳，妳才學到的習慣。

原本自己不會做的事，一旦養成習慣，就會下意識也能夠做到。這是什麼呢？就是「成長」。**「維持自己的原貌」，就叫做「不成長」**。

因為有人教我們，或是自己去學習，結果在意識中選擇「這樣做比較好」，在意識中選擇「不這樣做不行」，然後付出行動。不知不覺中，原本需要在意識中選擇的事，變得能夠無意識的就做到了，這就是「成長」。

「仙人掌女子」一旦墜入愛河很容易暴衝

「追著人跑的女性」和「讓人追著跑的女性」，在心智上決定性的差異，就表現在「墜入愛河時的姿態」。

任何人都是，一旦墜入愛河，暫時就會雙眼呈現愛心形狀、開始興奮雀躍、小鹿亂撞、戀愛的氣球脹得滿滿的。

原本在此時，必須轉移到「愛」，從「戀」培育出「愛」，但是「追著人跑的女人」會把整個心思放在追著人跑這件事上，在自己獨自的世界中開始「戀情暴衝」。

他覺得我怎麼樣？怎麼做才能讓他喜歡上我？我可以為他做什麼？他喜歡我嗎？我希望他能更注意我一些、我希望他眼中只有我、我不想失去這份幸福、我要更多，更多……

很久沒戀愛的女性，可以比作「仙人掌女子」。戀情快開始的時候，常常戀愛氣球瞬間脹滿，開始暴衝。就像是一口氣吸取落在沙漠裡的一滴

雨水，開始「我還要、我還要」。

還有總是浸在愛河當中的「戀愛體質」女性，也可能會有同樣的暴衝行為。

而「暴衝」之所以可怕，在於興奮雀躍、小鹿亂撞很容易就演變成不安、猜忌、強迫和要求。

光是對方沒接電話，就開始想「他是不是跟別的女人在一起？」、「原來他其實並不那麼喜歡我！」、「他一定是開始討厭我了！」、「如果他要離開我該怎麼辦？」……睡著醒著都無法停止妄想，光是對方的事就把腦子塞滿了。

然後就會導致執拗的猜忌對方、試圖控制對方、過度對對方鞠躬盡瘁，開始做出各式各樣的要求、回報。然後男性就會感到厭煩、輕蔑她，或是把她當作一個好用的女人加以利用。

「婚外情」會花妳「三倍」的時間去矯正戀愛指南針

提到「心智設定」，最艱難的就是曾有過或正在談「婚外情」的人的心智改造。

我向來的主張就是，人一旦有了婚外情，「戀愛指南針」就會損壞。目前正陷入婚外情，或是以前有過婚外情的人，對戀愛的指南針已經損壞了，首先必須讓他們的心智回到正確的地方。

所謂的「戀愛指南針」，就是一個人衡量對戀愛的想法、感受和行為的準則。**一旦陷入婚外情，「戀愛指南針」一定會損毀，而要恢復正常，必須花費「三倍的歲月」吧。**

如果是三個月的婚外情，要讓指南針恢復正常需要花費九個月，一年的婚外情就得花三年，而三年的婚外情就得花上九年。婚外情就是這麼棘手的東西。

每當我在研討會或演講上提到這個話題，會場總是一陣騷動，可以證明有婚外情經驗的人何其多。

有婚外情經驗的人，首先請全力灌注在將自己的「戀愛指南針」恢復正常這件事上。不改掉這個部分，不要說變成「讓人追著跑的女人」了，可能會連好好談場戀愛都辦不到。請好好放在心上，只要還陷在婚外情關係當中，女性是絕對無法幸福的。

之所以說經歷婚外情會損壞妳的指南針，是因為這種關係從一開始就「不公平」。男性明明有自己的家庭，卻又偷吃，所以總是會感到歉疚。聖誕節或過年等特別的時刻，無法陪伴外遇對象，所以，必須在其他地方加倍補償，或者順從外遇對象的任性、或者請外遇對象吃昂貴的大餐、或者大方買禮物給她。

在女方鬧情緒的時候連連道歉、將她捧在手掌心。一旦習慣了這種狀態，女性就會覺得男性這樣對待自己是理所當然的：讓對方為自己做事，自己沒有必要做任何努力。

而且，如果外遇對象是比自己年長又有社會地位的人，當自己開始認真找尋戀愛或結婚對象時，也會想尋求條件相當於或優於外遇對象的人。

到我這邊來的人當中，也有人不顧自己的狀況，毫不客氣的開出這樣的條件：「有社會地位、年收入兩千萬日幣以上、工作能力強的人！」

她們會說：「因為我以前交往的對象就是這樣的條件。」不過那是因為是婚外情，在公平的戀愛當中，妳能夠對等的跟那樣的人交往嗎？

「戀愛指南針」壞掉的人永遠在自我合理化

有婚外情經驗的人，有一種壞毛病，就是將自己的戀愛合理化。

在諮商中，我問：「妳為什麼會跟人家陷入婚外情呢？」有婚外情經驗的人會說：「我一開始又不知道他有家庭」，開始「自我合理化」。

我再問：「原來如此。那，當妳知道的時候，為什麼沒有跟他分手呢？」這時候，女性會再度開始為自己的行為辯白。

「那時候我已經喜歡上他了」、「他也說不想分手」、「他告訴我未來絕對會跟他太太分手」……能夠這樣自我合理化，其實已經是指南針損壞的證據了。因為如果妳客觀思考，就應該可以知道這樣的戀愛不可能長久，也不可能幸福。

當女性開始「自我合理化」，我就一定會這樣告訴她們。

「這是一個宇宙的大原則，我一定要告訴妳。人在陷別人於不幸之後，是不可能築起自己的幸福的。當妳跟他卿卿我我的時候，他的妻子是什麼心情呢？如果是相反的立場，妳會有什麼感受？己所不欲，勿施於人。自己的幸福，是絕對無法建築在別人的不幸和犧牲之上的喔。」

陷入婚外情的人，會開始連男方的行為也將之「正當化」：「誰叫他太太很過分。他很可憐，只有我理解他。」

對於這種女性，我會這樣說：

「那只是他單方面的意見吧，妳有聽過他太太的說詞嗎？」

「他有沒有好好跟太太面對面試圖解決問題呢？至少那是他選擇的伴侶，跟他成家的對象，如果太太有什麼問題，應該好好面對好好解決吧。

可是他卻逃避問題，一邊對著其他人說太太的壞話，一邊背叛太太自己度過歡愉的時光、跟別人上床、花錢，這樣的男人，妳覺得怎麼樣？」

如果她還是繼續說「不，是他太太超過了」、「是他人太好了」等台詞來將男性的行徑「合理化」，那我就會斬釘截鐵的這樣說：

「妳仔細想想，像這種無法靠自己解決問題的人、不選擇面對，一味逃避的人，還會一再重複喔。他根本就是個無法解決問題的人，如果他不改，就算跟妳結婚了，還是會發生一樣的事情。」

然後，最後再乘勝追擊，我會要她想像這位男性回到自己家庭時候的樣子。

一回家，太太會到玄關迎接，說：「你回來啦。」孩子們會奔來抱住爸爸，全家人圍著餐桌用餐，然後他會跟孩子們一起泡澡，歡樂的笑聲迴盪在整個浴室中。

公司辦活動，他會向同事介紹：「這是我太太。」這時候，鞠躬說：

「外子素來多虧您照料」的，不是妳，是他太太——

在想像到這麼真實的部分時，多數女性都會掉下眼淚。

這個「矯正石膏」我給人家上了一百次以上了。這是一個很痛、很難受的過程，但卻不能不做。讓對方看到最不願想像、卻是最真實的部分，來矯正損壞的「戀愛指南針」。

歷經「十年」婚外情女性相親的結局

我前面提過，只要陷入婚外情，矯正「戀愛指南針」需要花三倍時間。如果是兩年的婚外情就是六年，如果是三年的婚外情就是九年，如果是五年的婚外情就是十五年。或許有些人從現在開始矯正，等矯正完已經到了相當的年紀。

我曾經為陷入婚外情十年的人安排過相親。

十年的婚外情，矯正「戀愛指南針」得花上三十年。長達十年當中，想必發生了各式各樣的辛酸事，她的戀愛指南針已近乎毀滅狀態。

那位女性當時四十五歲，坦白說，從頭來過是來不及的，於是我決定把她的婚外情轉為武器。

她之前婚外情的對象，有社會地位，經濟上也很寬裕，比她年長。這表示她慣於和那樣的男性交往，所以我幫她安排的相親對象，也是條件較為相近，年紀相當大的大公司會長。

不過她的「戀愛指南針」是故障的，所以在他們交往前，我幫她徹底上了一堂課。

我告訴她：「本來應該要花好幾年去矯正心智的，妳已經沒有時間了，至少這些請妳一定要遵守。」然後把這本書的第一章和第二章介紹的，當一個「讓人追著跑的女人」的技巧徹底傳授給她。

接下來，我再三鄭重叮囑：

「妳大可用像以往跟婚外情對象相處的方式和對方相處，就把它當作妳的武器吧。不過，我教妳的技巧絕對要遵守，因為如果妳無法遵守，就會導致分手。」

她目前忠實的遵守我教她的事，順利的跟會長交往中。

練習寫出「五十個」自己的優點和缺點

來到「Matchmaking Hawaii」的女性中，有不少人，之前相親總是不順利，來到夏威夷的時候，已經處於一種極度自我否定、自我厭惡的狀態。

像這樣的女性，我會請她們做一件事，就是「試著寫出五十個自己的優點和缺點」。

因為相親不順利，感覺像是世界末日、沮喪、痛苦，心靈受傷。有些人甚至開始討厭自己，正因如此，我才會出這個作業。

有些人會說：「寫不出五十個。」我就會請她們「可以去問身邊的人，總之明天要各交五十個出來」。

討厭自己的人、強烈自我否定的人，寫來的都是「缺點」，「優點」

幾乎寫不出來。也有人會讓人覺得「這個也算啊？還有啊？」寫得洋洋灑灑都是「缺點」。

妳寫得出多少自己的「優點」呢？

如果連妳自己都不愛自己，那其他人要怎麼愛妳呢？所以，妳必須先愛自己，相親媒合的起點，就是喜歡上自己。

「讓人追著跑的女人」是很喜歡自己的。請妳這樣想：因為很喜歡自己、肯定自己、充滿了愛，所以有能力愛別人，也能讓別人愛自己。

妳希望上天幫妳實現的「三個願望」是什麼？

即使這樣說，我還是無法喜歡我自己，我就是討厭我自己。這樣的人並不少，其實她們是陷入這樣的惡性循環裡了。

不喜歡自己↓認為自己沒有價值↓因為沒有價值所以不珍視自己↓因為不珍視自己，也得不到男性的珍視↓更加討厭自己↓認為自己沒有價值……這個無限輪迴，現在就把它切斷吧。

順帶一提，藉由問對方一個問題，可以輕易得知她「最『自卑』的點在哪裡」。這個問題就是：「妳現在最希望神幫妳實現的三個願望是什麼？」

這「三個答案」就是那個人最介意的自卑之處。例如回答「想要青春」的人，就是對年齡感到自卑，回答「想要錢」的人，就是對金錢有自卑感。

如果努力思考、試著寫出多達五十個優缺點，妳會發現一件事，就是優點同時也是缺點，而缺點同時也是優點。

就像在好喝的哈密瓜汁喝了一半之後，有人會覺得「還有一半呢」，有人會覺得「只剩一半了」，我們可以說，一切都取決於本人看事情的方式。

同樣的，是缺點還是優點，也取決於看事情的角度。

我們可以將所有的缺點翻轉成優點。比方說「個性溫吞」的話，就是「所有事情都會做得很仔細」；「粗枝大葉」就是「不拘小節」；「頑

固」是「意志堅定」；「怕生」是「慎選值得信賴的人」；「沒有朋友」是「不迎合眾人，有自我軸心的人」……

萬事萬物都有兩面，所有的缺點，都可以改變角度，翻轉成優點。我希望透過這樣的做法，妳有一天能夠大聲喊出：「我超喜歡自己的！」

如何介紹「四十多歲、離過一次婚、有小孩」女性的魅力？

我當初認識老公大人的時候，是個「四十多歲、離過一次婚、有小孩」的女人，不過我完全沒有因此看低自己。

我對自己的定位是：「比年輕人人生經驗豐富、有魅力的四十多歲，紀錄是一個圈（可不是一個叉喔）（譯註：日本習慣將離婚一次說成一個叉，離婚二次說成二個叉，依此類推）**、附贈天使」的女性。**

因為我認為自己有年輕女性所沒有的價值，年齡也好、離婚經驗也好、有小孩也好，我非但不介意，甚至應該說我把它視為「自己的優點＝價值」。

所以我對著老公大人，盡了最大的努力強調我的價值。

「你運氣真好，遇到像我這樣經歷過離婚的對象。我目前已經有一個圈了喔，所以我不會像未婚女子那樣，對結婚懷抱一些不切實際的夢想。婚姻是現實的，我知道聰明的婚姻是什麼樣子。而且我還有小孩呢，跟我結婚附贈天使喔。我有當媽媽的經驗，所以懂得忍耐和克制，未婚的人就沒辦法了。四十多歲的女人是最棒的了，跟年輕女性在一起的話，丈夫還得扮演保姆的角色，我靠自己什麼都會。選擇伴侶還是應該選精神上成熟的女性，你的運氣真的太好了。」

這根本是極盡所能的老王賣瓜，不過我是真心這樣認為的，而且總是將這些想法說出口，用自己的耳朵去聽，藉此讓它滲透到我的身體裡，所以當時我可以毫不害羞的說出：「我真的太棒了！」

就算對方對我的想法做出負面評價，那也不是我的問題，而是對方的評價錯誤。我當時是這樣想的，所以我的自信可以屹立不搖。

當女性充滿自信的時候，男性就會想：「她是不是有什麼了不起的地方？」然後充滿興趣的湊過來，而對於看低自己，總是說：「我沒有什麼價值」、「我是個糟糕的女人」的女性，他們是不會有興趣的。他們只會跟著看輕妳，對妳草率隨便。

妳必須先相信自己的價值，男性就會跟著相信了。

「過去」是無法改變的，但是「未來」可以自己選擇

請回頭去看剛才我寫的「五十個優點、缺點」。將所有缺點一一翻轉成優點，就會變成一個充滿優點的人。

我往往建議大家：「每天都要對著鏡子裡的自己，把自己的缺點說成優點。」只要妳持續說出來，這些聲音就會進入耳朵、進入腦子、進入身體、滲透到心裡。

持續做一陣子，妳的表情會有顯著的變化。我就是用這個方法，幫助上百位充滿自卑的女性變身的。

請妳就當作被我騙一次，試試看。當妳的心智只有優點存在時，就會有種「那個我也辦得到」、「這個我也很厲害」的正面心境，而負面氣氛則會消失無蹤。

即使這樣做還是「怎麼都無法喜歡自己」的人，說不定是因為自卑感過度強烈。許多異常強烈的自卑感，背後都隱藏著過去的創傷。

過去的創傷，也可以藉由問前面提到的問題來發掘。「妳現在最希望神幫妳實現的三個願望是什麼？」三個答案，就是妳最自卑的地方，也就是心靈創傷。如果願望是「想要一個伴侶」，那就表示過去跟男性交往不順利，造成了妳的心靈創傷。

妳需要認識到自己最拘泥的是什麼，重要的是不能視而不見。掌握了自己最介意的點後，請妳這樣告訴自己：

「過去雖然無法改變，但是未來是可以自己選擇的。即使過去的人生，受限於父母、環境、遺傳等，自己無法改變，但是未來的人生可以靠著妳自己的力量改變。妳已經是成人了、自己又有經濟能力、時間也是自由的，妳可以依照自己的意願選擇自己喜歡的人、事、物。」

不要被無法改變的過去束縛，而是將眼光放在能夠改變的未來。只要下定決心，狀況就會朝向心所意向的未來轉變。

擁有「談論夢想的心智」就會閃耀動人

「讓人追著跑的女人」都非常喜歡自己，因為自己沒有什麼值得羞恥的地方，在相親的事、過去被男性甩掉的事、經歷過嚴重失敗的事，任何事都沒有什麼好隱瞞的。

「隱瞞」是感覺羞恥的證據，也就是對自己的否定。

只要妳非常喜歡自己，就可以肯定造就今天的妳的那些過去，自然的，任何自我否定的要素就都不存在了。

還有一點，跟「喜歡自己」一樣，能夠談論「自己的夢想」也是很重要的關鍵。擁有「談論夢想的心智」，也是當一個「讓人追著跑的女人」必備的要素。

希望總有一天能去的地方、想實現的事、想得到的東西、想住的地方、想讀的書、想看的電影……遠大的夢想、小小的願望，什麼都好，請妳談論讓妳雀躍期待的事物。這樣，妳就會看起來閃耀動人。

實際上觀察相親的人也會發現，比起隱瞞自己在相親的人，堂堂正正表明自己在相親的人，成功率高了好幾成。

像這樣的人，在婚後也能夠一直過得很幸福。因為她們對自己做的事充滿自信，藉由談論夢想，她們總是能夠產生充滿希望的能源。

優秀的男性，喜歡能夠談論夢想的女性。因為他們本身就是談論夢想的人，所以會被跟自己具有相同心智的女性所吸引。「談論夢想的心智」，其實也跟成功人士的心智是相同的。

鍛鍊心智，讓自己能夠在男性面前侃侃而談自己的夢想。如此一來，偵測到這個訊號，擁有遠大夢想的優秀男性就會接近妳。

將目標設定在「幸福」而不是「結婚」

婚姻絕不是人生的終點站，真正的人生是在婚後才開始的。

「追著人跑的女人」，傾向於將「結婚」視為戀愛的終點站。但是，比起婚前，婚後的人生長久多了。

如果要比喻的話，結婚不過是「考上大學」或是「開始工作」等，人生會經過的地點罷了。正如一開始我說的，妳既然生為女性，就擁有享受身為女性幸福的權利。

人生的目的不是「結婚」而是「幸福」。一輩子幸福，才是妳的人生目的，因此戀愛中的人也好、正在找男朋友的人也好、在相親的人也好，請不要把目標設定在「結婚」，而是設定在「幸福」吧。如此一來，妳的視線就會看得更遠，妳的人生也應該會因此而不同。

至少，妳應該馬上可以做出一個結論，就是那些只會利用女性的男人，或是婚外情對象，妳該跟他們分手了。

從事相親媒合的工作，常常會聽到有人說：「可以的話我現在馬上想結婚！」當然，這樣堅定的想法是很重要的。不過同時，如果最終不能結婚就不行嗎？絕對沒有這回事。

如果妳將目標設定在「幸福」上，那麼就能夠避免將男性視為人生的一切。妳應該可以明白，還有嗜好、喜歡的事情、跟朋友共度的時光，以及獨處的時光也都很重要。享受自己的時間，應該也是人生的幸福。

男性對於「滿足於自己人生的女性」會懷抱敬意。他們看到那些不輕易為男性放棄自己的職業、興趣的女性，會想為她們加油。這是我跟各式各樣的男性談話之後強烈感受到的。

以我個人的感受，結婚後，占據人生的比例，丈夫跟我自己分別是「五比五」或「四比六」。生小孩後，丈夫、孩子、我自己差不多是「各三分之一」剛剛好。

不要將男人當作人生的全部、生活的全部。那麼，只占了三分之一的丈夫被忽略了嗎？並沒有。只要徹底把握那三分之一就好了，跟丈夫一起盡全力享受那三分之一，這樣，丈夫也會十分滿足吧。

戀愛、嗜好、友情、工作，在各方面都能享受樂趣的自在女性，對男性而言是很有魅力的，同時女性本身也能感到幸福。

再說一遍，沒有必要為男人鞠躬盡瘁，也沒有必要完美。

「享受自己的人生、讓自己快樂！」這才是能讓男性感受到魅力的女性之間共通的要素。

在第七十九次相親遇到真命天子的女性

人生沒有所謂的「失敗」，有的只是「經驗」和「成功」——這是我一直以來重視且堅信的信念。「失敗」並不存在，存在的是日後獲得「成功」的「經驗」。

有一位女性相親過許多次，也去婚姻介紹所登記了，不過一直無法遇到理想的伴侶，每一次都遭到拒絕。

就這樣她過了四十歲，能介紹的對象也受到更多侷限。她採取的最後手段，就是來到「Matchmaking Hawaii」。

她幾乎完全不會英語，不過這樣的日本女性很多，倒不是什麼特別的問題。只不過有一點是，她外表相當豐腴，或許會在第一次見面的時候比較不利。

由於她個性非常好，我們盡全力幫她介紹男性。她最了不起的，就是不管被拒絕幾次，都沒有放棄。

幫她安排好的約會，甚至有人是看到她的外表，就直接放鴿子了。終於能夠約會的，也有很多男性是敷衍個三十分鐘，然後就速速告辭的。

即使如此她還是沒有放棄。過去統計當中通常見了三~七個人就會定下來了，而她則是被十個人、二十個人拒絕，到了五十個人的時候，連我都忍不住抱頭想：「該怎麼辦呢？」但是，她還是沒有放棄。

然後，居然在第七十九人！她終於遇到了很棒的男性。

對方是一位公務員，最棒的是，男方非常欣賞她內在的優點，完全迷上她，這一點成為他們結婚的關鍵。

這一對佳偶到現在還常常來我的辦公室玩。成了她丈夫的那位男性，一看就非常溫柔敦厚，看得出打從心裡愛著她。他們真的是一對連我都感到羨慕的親密愛侶。

為什麼她能得到幸福呢？那是因為她始終不放棄，正因為有了七十八人的「經驗」，她才能遇見那第七十九位男性。

不是「因為我很胖所以結不了婚」，而是「很胖的我要結婚，得到幸福」。能夠一直這樣想，就是她得到幸福的勝因，是她的正面積極喚來了屬於自己的幸福。

沉浸在幸福中的人，都是靠自己決定能不能幸福的，請妳現在也立刻下決心「我要幸福」。然後，一旦下了決心就絕對不要放棄。只要不放棄，就一定會實現。

這本書是為了讓妳幸福而寫的。

為了得到理想的男性，怎麼做才能當個「讓人追著跑的女人」，怎麼做才能為對方套上「愛的項圈」。

乍看之下，這本書很容易被誤解為功利且重視技巧的教戰手冊，但是我想讀過的人都知道，事實上絕對不是那樣的內容。

能夠給男性套上「愛的項圈」的女性，是能夠讓男性成長，能夠支持男性的「幫夫女」。對於這樣的女性，男性是絕對不會放手的吧。

即使妳目前不是「讓人追著跑的女性」也不用擔心，只要讀這本書，改變妳的心智就可以了。

當妳的心智改變後，妳的行動也會不同。而行動不同，習慣也會跟著不同。習慣不同，人格也會不同。人格不同，妳遇到的人、妳的世界，也會有所轉變。然後，妳的人生就會變得不一樣。

別擔心，妳絕對會幸福的。

總結 成為「讓人追著跑的女人」應具備的心態

1 談戀愛，「學習」技巧也是必要的。
2 維持「自己的原貌」是不行的。
3 不將男人視為人生的一切。
4 「婚外情」會破壞戀愛的指南針。
5 從喜歡自己做起。
6 要談論自己的夢想。
7 目標要設定在「幸福」而不是「結婚」。

後記

真心謝謝妳讀到最後。

此刻，我在檀香山的辦公室裡，望著窗外夏威夷的湛藍海洋和天空。最後，我想再試著寫一些我自己的故事。

我到十八歲為止都生活在岐阜縣山間的村落，命運是在二十五歲的時候開始改變的。那年夏天，想散散心，我去了「七天五夜的夏威夷旅行」，而這次旅行大大的改變了我的人生。

在當地，我認識了後來第一任丈夫，在我們相遇五個月後在夏威夷結婚。我就這樣在一個遠離日本的地方開始了新的人生。

一方面由於我出身於實業家家庭，跟他一起工作後，我覺得工作越來越有趣，漸漸的埋首於工作中，我們的事業也越做越大。

在忙碌不斷加速的每一天當中，我對丈夫的尊敬和感謝之意一點一點淡去，對經營方針也開始有不同的意見，爭執越來越多。

結婚三年後，女兒誕生了。可是當時，夫妻間的鴻溝越來越擴大，這也難怪，因為我沒有尊他為老大。

在我三十二歲的時候，開始打離婚官司，到離婚成立，又花了三年。房子、公司和財產我都放手了，只有女兒的監護權保住了。我在這個時期的各種經驗中學到很多。

離婚成立後，我馬上開了夏威夷第一家相親媒合公司。其實這個構想在開始考慮離婚的時候就已經在我的腦海中萌芽了。這是因為，日本自古以來就有習慣，由媒人或是熱心的大嬸來幫適婚年齡的男女作媒，可是在夏威夷卻沒有相當於日本婚姻介紹所的地方。

公司剛成立的時候，雖然服務內容很多人都搞不懂，不過當口傳的風評或是成功的例子一點一點漸漸傳出去後，終於在夏威夷當地成功扎根。包括住在夏威夷的男女，還有日本女性的會員數都呈直線上升。

至今，這間公司成為夏威夷最大的相親媒合公司，每天可以聽到幸福的報告，在優秀職員的圍繞下，服務的項目也大幅增廣。

每當跟來我辦公室報告訂婚的佳偶擁抱，或是參加滿面笑容新人的婚禮，心中都會湧上極度的喜悅之情，我真的打從內心慶幸自己從事了這份工作。

我自己也是經由這份工作確立了「獲得幸福的法則」，才遇見老公大人，得到「身為一個女性的幸福」。

此刻，我再度體認到，我的目的，不只是將大家帶向婚姻，而是幫忙大家在婚後也能擁有一輩子的幸福。

我認為，人是在人際關係中感覺到幸福的。看到有人開心的樣子，自己也感到幸福。人生當中有個伴侶的話，人生的喜悅也會大幅增加。

原本人有結婚或不結婚的自由。不過，妳不覺得，身邊若有一個人，能夠跟妳一樣為妳的幸福感到喜悅、和妳分擔煩惱、為妳打氣，人生的幸福就會擴大嗎？如果那就是戀愛或結婚的話，要不要學習如何去做、好好的實現它呢？

我願意盡全力來協助妳。

衷心盼望讀了這本書的妳，可以遇見理想的伴侶，永遠持續至高幸福的婚姻生活。

麗子・凱福特

國家圖書館出版品預行編目(CIP)資料

讓男人追著妳跑 / 麗子・凱福特作；李欣怡譯.
-- 初版. -- 臺北市 : 遠流, 2018.03
面； 公分
ISBN 978-957-32-8207-5(平裝)

1. 戀愛 2. 兩性關係

544.37 106025352

讓男人追著妳跑

作　　者：麗子・凱福特
譯　　者：李欣怡
總 編 輯：盧春旭
執行編輯：黃婉華
行銷企劃：李品宜
封面設計：謝佳穎
內頁排版設計：Alan Chan

發 行 人：王榮文
出版發行：遠流出版事業股份有限公司
地　　址：臺北市南昌路2段81號6樓
客服電話：02-2392-6899
傳　　真：02-2392-6658
郵　　撥：0189456-1
著作權顧問：蕭雄淋律師

2018年3月1日初版一刷
定價：新台幣340元（如有缺頁或破損，請寄回更換）
有著作權・侵害必究 Printed in Taiwan
ISBN 978-957-32-8207-5

OTOKO NIWA "AI NO KUBIWA" WO TSUKENASAI BY Reiko KEIFERT
Copyright © 2017 by Reiko KEIFERT
Original Japanese edition published by Sunmark Publishing, Inc., Tokyo
All rights reserved.
Chinese (in Complex character only) translation copyright © 2018 by Yuan-liou Publishing Co.,Ltd.
Chinese (in Complex character only) translation rights arranged with Sunmark Publishing, Inc., Tokyo through Bardon-Chinese Media Agency, Taipei.

YLib 遠流博識網
http://www.ylib.com
Email: ylib@ylib.com